古罗斯问题研究

周晓辉　孙连庆　著

中国社会科学出版社

图书在版编目（CIP）数据

古罗斯问题研究/周晓辉，孙连庆著. —北京：中国社会科学出版社，2015.11
ISBN 978-7-5161-6136-4

Ⅰ.①古… Ⅱ.①周…②孙… Ⅲ.①俄罗斯—中古史—研究 Ⅳ.①K512.307

中国版本图书馆 CIP 数据核字（2015）第 107001 号

出 版 人	赵剑英
选题策划	郭沂纹
责任编辑	郭沂纹 安 芳
责任校对	邓雨婷
责任印制	李寡寡

出　　版	中国社会科学出版社
社　　址	北京鼓楼西大街甲 158 号
邮　　编	100720
网　　址	http://www.csspw.cn
发 行 部	010-84083685
门 市 部	010-84029450
经　　销	新华书店及其他书店

印刷装订	北京金瀑印刷有限公司
版　　次	2015 年 11 月第 1 版
印　　次	2015 年 11 月第 1 次印刷

开　　本	710×1000　1/16
印　　张	11.75
插　　页	2
字　　数	210 千字
定　　价	39.00 元

凡购买中国社会科学出版社图书，如有质量问题请与本社营销中心联系调换
电话：010-84083683
版权所有　侵权必究

目 录

绪论 ·· (1)

古罗斯国家的形成 ··· (6)
    一 中世纪东欧地区的贸易 ·· (6)
    二 中世纪北方贸易中的"维克"现象 ······························ (18)
    三 古罗斯王公的亲兵队 ·· (33)
    四 谢多夫与罗斯汗国问题 ·· (43)

古罗斯民族的构成 ··· (52)
    一 古罗斯民族含义的界定 ·· (52)
    二 国家—民族的产生 ··· (63)
    三 古罗斯民族的族群构成 ·· (70)
    四 5—9世纪东欧平原上主要部落、部落
       联盟之间的内在联系 ·· (86)
    五 被统治阶级内部通过生产实践和阶级斗争来
       加强民族意识的一致性 ·· (107)

古罗斯国家的发展 ··· (118)
    一 古罗斯民族的文化发展问题 ······································ (118)
    二 城市的发展 ··· (148)
    三 从诺夫哥罗德的考古发掘看封建关系的发展 ············· (155)

四　外交策略的发展与宗教的效用 …………………………（161）
　　五　罗斯法典的完善与封建制度的发展 ……………………（168）

结语 ………………………………………………………………（174）

参考文献 …………………………………………………………（178）

绪　论

一　研究意义

（一）研究专门史在学术上的目的

专门研究某一个国家，某一个民族的历史在学术上具有什么目的？这个目的必须从历史研究的总目的，即从研究世界史的目的中去探索答案。

世界历史研究的内容是对人类历史自原始、孤立、分散的人群发展为全世界成一密切联系整体的过程进行系统探讨和阐述。世界历史研究的主要任务是以世界全局的观点，综合考察各地区、各国、各民族的历史，运用相关学科如文化人类学、考古学的成果，研究和阐明人类历史的演变，揭示演变的规律和趋向。

而研究俄国历史对于我们认识全世界的历史颇有裨益：一方面，通过对俄国历史的研究，我们可以对人类历史的发展规律，以及发展趋向进一步加以验证；另一方面，俄国、俄罗斯民族的历史、其他国家民族的历史，必然有其特殊的一面，在研究俄国、俄罗斯民族历史的过程中，我们可以更好地理解人类社会发展的趋向，只是在求同存异的基础上体现出来的总体趋势。

（二）正确认识和理解俄国历史的意义

正确认识和理解俄国历史中的特殊现象，可以使我们更好地理解人类历史发展轨迹的多样性，只有承认了这种多样性，我们才能更好地掌握人类历史发展的总体规律和趋向。例如，按照人类社会发展的总体规律来说，当社会经济处于自由竞争时期，为了加强企业的竞争力而由此产生了企业间的联合，结果会促使社会经济向垄断阶段发展，最终使企业的联合形成一种存在方式——辛迪加和康采恩。而在俄国出现了不适合于一般常规的现象。1699年，彼得大帝下了一道命令，要求俄国商人投资，像其他国家一样组织公司来进行贸易。由于不习惯和缺乏信任，事情搞得很勉强。然而古罗斯人却有自己合股贸易的方式，合股的并不是资本，而是基于有血缘关系的人，财产是不分的。在族长的领导和负责下，近亲们不作为合股的股东，而是作为主人的帮手来从事贸易。这是一种家族贸易，是由长者和他"一同经商的弟兄和子孙"等组成的。这种合作方式明显地表明，在缺乏互相信任的社会里由于需要进行集体活动，就只得墨守遗留下来的血缘关系，靠家庭来得到满足。[①]

就民族而言，东欧平原上的东斯拉夫人与侵入欧洲的日耳曼人的发展基础是不同的。日耳曼人是在废墟上安居下来的，他们在森林中养成的习惯和观念直接受到强有力的文化影响，他们处在被其征服的罗马人或者说是被罗马化了的外地人之间，对日耳曼人来说，这些人成了先进文化的传导者和讲解者。而东斯拉夫人却相反，他们身处无边无际的平原中，由于平原上纵横交错的河流使他们不能紧密地居住在一起，平原的森林和湖泊迫使他们在一些新的地方、与那些来源不同并发展较落后的邻人一起安家立业，这些邻人多是以游牧为生的野蛮人，他们之间还经常发生战争，同时，东斯拉夫人处在一个荒无人烟、未经开发的地域里，这个地域并没有为他们遗留下任何生活设备和文化遗产，甚至没有留下一个废墟，只留下无数的荒坟，满布在到处有草原和森林的俄罗斯土地上。东斯拉夫人的这些原始的生活条件，决定了他们的发展比较缓慢，社会结构比较简单，同时也决定了这种

[①] 瓦·奥·克柳切夫斯基：《俄国史教程》，张草纫译，商务印书馆1992年版，第22页。

发展和这种社会结构具有很大的独特性。① 我们只有在正确认识和了解俄国历史的特殊性基础上，才能更好地了解世界历史。

二 研究对象的界定及形成判定依据

俄国历史的最初时期，来自东欧平原西南部的东斯拉夫人部落，在不断与非斯拉夫民族部落融合的基础上，形成了古罗斯民族。在这数百年的历史过程中，这一支东斯拉夫民族部落的居民人数甚少，不足以占据整个平原，然而他们却像飞鸟般从一端迁居到另一端，用这种不断迁居的方式不断繁衍。每迁居一次，他们就处在新的环境影响之下，处在新地区的自然特点和对外关系影响中；每迁居一次，他们都会形成独特的气质和性格。可以说俄国史是一部不断开拓的国家历史。②

（一）研究对象的界定

本书研究的对象是5世纪以后东欧平原上的古代人群，当时，这些古代人群虽然处于氏族部落、部落联盟的发展阶段，但人与人之间的关系已经由血亲关系发展成为地域关系，《往年纪事》中列举的该时期的古代人群都是以地域联盟的形式出现的，这一点在正文中会做详细阐述，因此，在下文中将不再对5世纪前的古代人群社会发展状态做进一步叙述。本书将主要论述他们是如何建立的国家，以及他们又是在怎样的情况下形成了统一称谓的古代民族——古罗斯人，以及他们又是在怎样的条件下发展着自身的文化和信仰，等等。

（二）古罗斯民族形成问题的界定

古代民族即奴隶制民族和封建制民族的形成，是同最早的阶级社

---

① 参见瓦·奥·克柳切夫斯基《俄国史教程》，张草纫译，商务印书馆1992年版，第23—24页。

② 同上书，第26页。

会紧密联系在一起的，因此要研究古代民族的形成过程，必须要研究私有制和阶级的产生，以及氏族社会瓦解的具体过程。恩格斯在《家庭、私有制和国家的起源》中通过对三次社会大分工的分析，阐述了私有制和阶级产生、氏族社会瓦解的具体过程，同时论述了古代民族的形成过程。第一次社会大分工，即畜牧业与农业的分离，使劳动生产率提高，财富增加，阶级开始出现。第二次社会大分工，即手工业与农业的分离，金属工具特别是铁器工具的使用。两次社会大分工后，出现了直接以交换为目的的商品生产。不仅有部落与部落之间的贸易，还出现了海外贸易。第三次社会大分工，即商业从农业和手工业中分离出来，一个专门从事产品交换的阶级——商人开始形成。

随着贸易的扩大，财富的增加，获取财富成了最主要的生活目的之一。财富刺激了人们的贪欲，为掠夺而进行的战争，在一定程度上加快了氏族制度的瓦解。马克思、恩格斯在探讨古代民族形成原因时说："在古代，每一个民族都由于物质关系和物质利益（如各个部落的敌视等）而团结在一起，并且由于生产力太低，每个人不是做奴隶，就是拥有奴隶，等等。因此，隶属于某个民族成了人'最自然的利益'。"[①]

从19世纪40年代起，马克思和恩格斯开始了对民族问题的研究和论证，为科学地认识民族问题提供了理论基础。关于民族形成的要素问题，马克思、恩格斯曾在许多著作中有所论及，概括起来主要有以下三方面：一是共同语言和共同地域。马克思在《摩尔根〈古代社会〉一书摘要》中，恩格斯在《论日耳曼人的古代历史》中都强调了语言和地域对区分民族的重要意义。二是民族的构成与经济的关系。马克思、恩格斯明确肯定了经济生活是民族构成的基础，并强调一个民族或一个时代一旦经历经济发展阶段，便构成了民族形成的基础。马克思还特别指出："特别是由于田野农业使生活资料大量增加，民族开始发展起来。"[②] 三是民族性格对民族构成的重要作用。恩格斯考

[①] 《马克思恩格斯全集》第3卷，人民出版社2002年版，第169页。

[②] 《马克思恩格斯全集》第45卷，人民出版社2003年版，第389页。

察了不同民族性格对民族形成的不同作用。他对英国的考察发现，爱尔兰民族"无忧无虑、富有生气"，民族压迫使他们"时常怒气冲天"，"眼睛里燃着渴求复仇的……不熄的火焰"，"有了这些要素什么都可以做到"。[①]

[①] 《马克思恩格斯全集》第1卷，人民出版社1995年版，第572—573页。

古罗斯国家的形成

　　古代罗斯国家的产生，是地域内斯拉夫人和非斯拉夫人（波罗的海沿岸、北海、伏尔加河流域、北高加索和黑海沿岸的各族人民）共同作用的结果。他们是如何联系的呢？应该说，人类早期的联系基本上多表现为地域内的经济联系，也就是说，是地域内的经济发展将上述人群联系在一起。

一　中世纪东欧地区的贸易

　　8世纪末9世纪初，北欧与地中海地区之间的贸易十分活跃，经过大西洋抵达地中海地区的东部海运通道和经过"瓦希大水路"抵达拜占庭的西部河运通道相继形成，东、西贸易通道交汇于波罗的海地区，形成了独一无二的"银桥"，将西起不列颠，东到卡马河沿岸地区，北起挪威的边境地区，南到欧洲南部的黑海—里海草原地区的广阔空间联系起来。

　　东欧大水路贸易的发展打破了东欧区域间封闭的状态，促进了东欧地区经济的商品化布局。首先，大水路贸易的发展促进了东欧地区本土商人的产生，同时东欧本土商业发展为大水路贸易提供服务保障，即实现了以路育商，以商役路。分散的人群逐渐向大水路沿线聚集，通过为大水路提供必要的服务而获取收益。其次，大水路贸易的发展为东欧地区城市的兴起提供了土壤，同时东欧地区城市的建立保障了大水路贸易的顺利开展，即实现了以路养城，以城御路。"维克"类型的城市在大水路沿线广泛建立，而城市的建立一方面证实了人群的聚集规模；另一方面促进了地区内部经济联系的加强（固定市场的出现）。最终，东欧大水路贸易的发展为古罗斯国家（基辅罗斯）的建立奠定了基础，促进了集权政治的确立。

这里更应看到的是，由于东欧大水路贸易的发展促进了地域内多民族的交往，并使其越来越多地参与到贸易活动中来。由此，在一定程度上促进了东欧平原居民已经开始的共同经济生活。

（一）中世纪东欧大水路贸易的发展状况

就繁荣的商业而言，东欧大水路在中世纪欧洲经济社会发展史中的地位及作用一直受到西方学术界的广泛关注。"长途贸易论"和"内部根源论"就是西方学术界在中世纪欧洲经济社会发展史研究中提出的两个主要论断，其对西方经济、政治，乃至社会发展产生了极其深远的影响。"长途贸易论"的主要观点认为，中世纪经济社会的发展是在国际长途贸易日益繁荣的基础上实现的，长途贸易的活跃为城市的兴起、政权的日趋集中、经济的商品化提供了必要的物质条件。而"内部根源论"的主要观点认为，中世纪经济社会的进步是封建社会自身生产力进步和生产关系变化的结果，决定了城市的兴起和政治的集中，同时成为资本主义起源的根本原因。[①] 现在看来这两个论断都有其自身不科学、不全面的一面。

东欧地区河流纵横，主要河流有伏尔加河、顿河、第聂伯河。中世纪早期发挥作用的大水路正是凭借这些主要的水体而得以建立的。"瓦希大水路"全称"从瓦兰吉亚人到希腊人的水路"。这一独立称谓是在9世纪时得来的，根据名称推测，此称谓应该来自斯拉夫人。在没有得到这一独立称谓之前，研究者一般称其为沃尔霍夫—第聂伯河水路。

沃尔霍夫—第聂伯河水路干线大约长1500公里，从芬兰湾的东段

---

① 参见谢丰斋《从"长途贸易"论到"内部根源"论——西方学者对英国中世纪市场的研究》，《史学理论研究》2002年第2期。

开始,经涅瓦河、拉多加湖的西南部、沃尔霍夫河、伊尔门湖、洛瓦季河,接着从波罗的海水域到黑海的通道,沿乌斯维亚恰河、卡斯普利亚河、卢切萨河、西德维纳河上游(在那里发现了一个通往波罗的海的出口),以及斯摩棱斯克地区通往第聂伯河的连水陆路。从那里开始走第聂伯河,接着通过基辅地区重要的交叉点、第聂伯河中的石滩部分,通过附近赫尔松通往黑海的出口,到达拜占庭领地。①

这条水路干线在9—10世纪,被包括在横贯欧洲的多条支线的水路系统之内。这样就无形地将该水路的涉域面积放大了。这个庞大的水体网路主要是以沃尔霍夫河、第聂伯河和大部分的伏尔加河所在经线上的水体为主体,纬线上沿奥卡河、伏尔加河上游水域、西德维纳河、涅曼河、杰斯纳河、顿河和伊尔门湖附近河流(波拉河、波尔涅季河、梅塔河)、拉多加湖附近河流(夏西河、季赫温卡河)、伏尔加河上游地区的河流(恰戈达河、莫洛加河等)组成的。

受到上述大水路自然属性的限制,该水路贸易活动具有以下突出特征:其一,大水路贸易具有鲜明的季节性。东欧地区自然环境具有显著的地带性,自北而南可分为苔原、森林苔原、针阔叶混交林、森林草原、草原、半荒漠与荒漠等自然带。大部分地区地处北温带,气候温和湿润。西部大西洋沿岸夏季凉爽,冬季温和,多雨雾,是典型的海洋性温带阔叶林气候。东部因远离海洋,属于大陆性温带阔叶林气候。东欧平原北部属于温带针叶林气候。北冰洋沿岸地区冬季严寒,夏季凉爽而短促,属于寒带苔原气候。南部地中海沿岸地区冬暖多雨,夏热干燥,属于亚热带地中海式气候。可以说,到了夏季河流的水量都比较丰富,而冬季有些河流则处于冰冻期,例如伏尔加河发源于东欧平原西部的瓦尔代丘陵中的湖沼间,全长3690公里,最后注入里海,流域面积达138万平方公里。冬季伏尔加河流域寒冷漫长,积雪深厚。河面封冻,上游冰期长达140天,中下游为90—100天。因为大水路经过的一些主要河流在冬季处于冰冻期,由此决定了贸易活动

---

① В. Л. Янин. *Денежно-Весовые Системы Русского Средневековья (Домонгольский Период)*. М.,1956,c.105.

的季节性。冬季则贸易活动萧条，为数不多的贸易多集中在温暖的南部地区；而夏季则贸易活动频繁，货运量比较集中，运送货物的船只在水路上川流不息。

其二，大水路贸易的单位运量较小。通过上述对大水路自然属性的叙述，可以看到由于大水路经过的河流众多，每条河流的水量、水位、流速不同，且有些河流还有浅滩和石滩，这在一定程度上决定了运输工具（主要是独木船）的排水量不能过大，还要便于拆卸和搬运，以利于渡过石滩地区。由此，大水路贸易运量普遍很小，无法与海路贸易的运量相匹敌。这一点在现代考古学的很多发掘、发现中得到证实，主要就是在水路沿线上没有发现规格较大的物品冢。2005年至今，俄罗斯考古学界对西北部地区，特别是沃尔霍夫河流域地区进行了多次考古发掘。其中，在沃尔霍夫河河底发现了数千件属于12—17世纪的珍贵文物。[①] 文物中不乏保存完整的中世纪陶器器皿，当然更多的是陶器的碎片。除此之外，还有大量不同类型的锁、刀、斧子和其他建筑工具，船舶器具和武器。还有一些十字架、圣像、印章、铅封，以及珠宝饰物等。俄罗斯学术界称这一系列考古发掘活动是"史无前例的"，而发掘的成果是"令人震惊的"。但从发现的考古遗迹的规模来判断，它们的数量并不大。

其三，大水路贸易的商品样式多、流向杂。贸易大水路自北向南绵延数千公里，加上我们之前提到的相连水体，涉域面积十分广阔，但这还只是局限在东欧地区内。作为一条活跃的国际贸易商路来说，它还间接地与北欧、西欧，乃至亚洲的贸易商路相连，形成一张巨大的国际贸易网。这一点可以通过当时大水路贸易的主要商品种类及流向来加以证实：西方国家（首先是法兰克帝国）将银币和业务极熟练的作坊生产的产品运往北方，同时将类似产品输往东方的伊斯兰世界。北方商品输出的主要种类是毛皮，如貂皮、白鼬皮、黑色和褐色的狐皮，从东欧输出海狸皮；从东欧和斯堪的纳维亚国家输出貂皮的皮囊、

---

① Археологи Иашли на Дне Реки Волхов Наконечники Древних Стрел [EB/OL]. *РИА Новости*. http：//www.gzt.ru/science/2008/03/04/171916.html.

皮口袋和灰鼠皮；从斯堪的纳维亚输出鹿皮、海象皮和海豹皮，以及蜂蜜、蜂蜡、亚麻、加工过的皮革、木材、琥珀、猛犸象和海象的骨头。在斯拉夫人与斯堪的纳维亚人的交易中，主要向北输出斯拉夫人的陶器，输入斯堪的纳维亚人的铁制品，石制器皿和珠宝作坊的产品。① 另外，贩卖奴隶的贸易在南北贸易中占有突出地位。

东欧大水路贸易的发展打破了东欧区域间封闭的状态，促进了东欧地区经济的商品化布局。首先，大水路贸易的发展促进了东欧地区本土商人的产生，同时东欧本土商业发展为大水路贸易提供服务保障，即实现了以路育商，以商役路。

贸易大水路的开辟将北欧的斯堪的纳维亚商人引到了东欧地区，更重要的是这些外来商人在大水路所经地区建立了多个"维克"类型城市，如拉多加城等。而这种在中世纪北方贸易中出现的"维克式"城市，实际上是维京海盗，或者说是更广泛意义上的斯堪的纳维亚商人在商路上建立的贸易站。现代考古学研究证实，这些"维克式"城市在建成初期的主要职能侧重于自由贸易和服务水路。近年来，俄罗斯考古学家在拉多加城的古遗址中，一直没有发现具有农耕区域的城市特征的波雅尔宫廷建筑，但在其中发掘出的绝大多数房屋建筑，据研究者判断它们的所有者都是从事商业和生产制作的自由人。值得注意的是，А. Н. 基尔皮奇尼科夫曾对拉多加城的考古资料进行整理，发现在拉多加城遗址中有一条"瓦兰吉亚"街，街道两旁的建筑用途都带有很强的商业性质。如在发掘出的6号建筑（840—850年）中有陶器碎片、一块琥珀、16个珠串、碎皮革、绳索、桦树皮文献、手工木制品、涂料；在8号建筑中有陶器残片、两个纺车、梳子的碎片、磨石、铅坠、碎绳索、玻璃珠串等。

可以说，"维克式"城市的建立不仅为斯堪的纳维亚人与东欧地区居民的贸易联系提供了前提条件，而且成为一个推动斯堪的纳维亚人向东推进的平台；同时为东欧内部区域间交往的加强创造了有利条

---

① Глеб Сергеевич Лебедев. *Эпоха Викингов в Северной Европе*. Л.：Издательство Ленинградского Университета，1985，hattp：// www. ulfdalir. narod. ru/literature/Lebedev-G-Epoha/2trade. htm.

件，加速了本土商人的产生。

按照生产力发展的规律来说，商业是从农业、畜牧业和手工业的发展中分离出来的，东欧地区从当时的生产力发展角度看，并不具备从事商业的物质基础，但是大水路的作用，强行将这一地区拉到贸易活动中来，形成了跨越式的发展。在一定程度上，商业发展的动力是人们对财富的不断追逐。当时，大批穆斯林商人携带阿拉伯银币来到顿河和伏尔加河流域一带，这对北欧人来说是一个极大的诱惑，因为他们自己没有银币来源。① 而对东欧本土居民来说也是一个极大的刺激，尽管他们绝大多数还处在氏族部落发展阶段，对商业没有更多的认识。但是，在外部因素的刺激下，他们在被动地为大水路贸易活动提供人力、物力，甚至被迫去从事一些带有商业性质的职能。

同时，东欧本土商业的发展，不仅丰富了大水路贸易的商品种类，而且为大水路贸易的顺利进行提供了必要的服务。A. H. 基尔皮奇尼科夫在其研究中，曾对一系列关于"大屋"的早期资料进行编制整理，认为这些"大屋"是保存下来的相对完整的居住和经营场所，成为了解拉多加城早期生产实践和文化生活的良好素材。其中的3号建筑（750—760 年）中有两把刀、磨石、碎皮头、木制的桶箍、桦树皮制成的集水槽、青铜扣针、骨制的梳子、12 个珠串、涂料；4 号建筑（770—810 年）中有两个斧头、铁钩、三把刀、两块磨石、两个桦树皮制成的集水槽、木制的铲、陶器的碎片、涂料，等等。② 研究者通过与同时期东欧平原上的其他城镇相比，发现当时拉多加城的手工制造业是比较先进、发达的。

对于大水路来说，其沿线城市手工业的发展，不仅丰富了贸易商品的种类，还为大水路运输的顺利进行提供了保障，很多针对船只修理的手工业部门得到发展。由此，我们可以看出，外部贸易环境对东

---

① 戴尔·布朗：《北欧海盗——来自北方的入侵者》，金冰译，华夏出版社、广西人民出版社 2002 年版，第 75 页。
② Е. А. Рябинин. Заметки о Ладожских Древностях. Современность и Археология: Междунар. Чтения, посв. 25-летию Староладожской Археологической Экспедиции. СПб, 1997, cc. 45–48.

欧地区经济发展的影响，以及东欧经济的发展对外部贸易环境的改善，是相互交织在一起的。东欧地区经济被动地按照国际长途贸易的发展要求实现了产业布局。

其次，大水路贸易的发展为东欧地区城市的兴起提供了土壤，而东欧地区城市的建立保障了大水路贸易活动的顺利开展，即实现了以路养城，以城御路。

我们以上述拉多加城为例，这个城市的经济定位于对外经济联系。到9世纪末，拉多加城已成为古罗斯国家重要的贸易和手工业中心之一。各国商人沿着东欧平原上的大水路——伏尔加河和第聂伯河，到达阿拉伯哈里发和拜占庭，并沿着这条大水路返回，通过拉多加城将船只装上或卸下武器、奴隶、毛皮、饰物、奢侈品、器具（家私）、佐料和香料等货物。地中海项链、波罗的海琥珀，芬兰装饰，阿拉伯银币、高加索和中亚的玻璃制品，斯拉夫头饰和鬓发环，所有这些物品都在拉多加城的考古文化层中被找到。经过拉多加城向东运送毛皮、蜂蜡、亚麻和奴隶，向北运送饰物和那些在欧洲都不多见的成色高的银币。在这里需要指出的是，当时仅在拉多加城与波罗的海之间就形成了两条通道：一条经过拉多加湖—涅瓦河—芬兰湾；另一条经过拉多加湖—武奥克萨河—芬兰湾。这在某种程度上可以说明当时经由此城的货物流应该相当繁忙。① 而商业的繁荣不仅为该城手工业的发展提供了有利条件，而且为其服务业的发展提供了有力的契机。

拉多加城的繁荣有赖于该城在"瓦兰吉亚人到希腊"和"瓦兰吉亚人到阿拉伯"水路上处于重要地理位置，它在8世纪中期就有较高的国际知名度。当地的贸易和手工业发展起来以后，拉多加城很快在东欧占据了更为有利的贸易和手工业地位。拉多加城北部森林地带的居民拥有欧洲最好的毛皮。整个拉多加城森林北部从事着珠宝制品、武器，以及生活用品的贸易活动。要知道，拉多加城是欧洲—波罗的海区域最东端的城市，在最初建立的几个世纪里，它就像是巴比伦一

---

① Ирина Самойлова. Долитический Центр Цревнерусского Государства. Старая Ладога. http://www.oldladoga.ru/115.html.

样。斯拉夫人、芬兰人、斯堪的纳维亚人、撒克逊人、阿拉伯人、伏尔加保加尔人、可萨人等，在这里彼此相遇，并进行商品交换。[1]

贸易大水路绵延数千公里，在每一个环境复杂的地方都会有一些城市及居民点，这些城市及居民点不仅为大水路提供必要的服务，而且也为贸易活动的顺利进行提供保护。因为在当时的大水路沿线活跃着很多骁勇的游牧民族，如佩切涅格人等，他们时常劫掠水路。为了保护水路，沿线的很多城市、居民点都配备了防御工事。例如，拉多加城及其附近居民点都有防御工事，形成彼此掩护的防御群体。另外，还有两个与拉多加城附近居民点相似的群体，这两个居民点也建在沃尔霍夫河沿岸，它们分别集中在河流上临近石滩的地方。其一，位于由第一群体向上游方向的9公里处，临近危险的石滩；其二，位于向上游方向的30公里处，在普切夫扎河石滩附近。在那里，每一个居民点都有防御工事，这一特点十分重要，因为当时在伊尔门湖和拉多加城地区，有防御工事的城市也只是个别现象。可以说，上述居民点群体不仅需要为经过此地的船只提供引导、货物保存、修理等服务，而且还要为船队提供必要的保护。[2]

东欧大水路贸易的发展为古罗斯国家（基辅罗斯）的建立提供了必要的积累，加速了集权政治的确立。金钱和武器是统治阶级的标志。东欧大水路贸易的繁荣，为留里克王公们聚敛财富提供了可能。当然，贸易的繁荣在某种程度上也取决于留里克王公们的军队所提供的有利的贸易环境。

学者们在翻阅了9—12世纪的历史文献后，得出如下结论：古罗斯王公们持续不断地进行着征服活动，由此古罗斯社会的政治划分应以征服为基础，一部分是以瓦兰吉亚人为首的征服者；另一部分是以东欧平原上原住民为主的被征服者。在研究产生这一历史现象的原因

---

[1] Е. В. Коробова. Ладога-город Эпохи Викингов на Европейском Пути Запад-Восток. Старая Ладога. http：//www.oldladoga.ru/173.html.

[2] Ц. и. н. Е. Н. Носов. Раннегороцские Центры Поволховья Проблемы Возникновения и Соотношения. Петербург：1997.

时，马克思在《十八世纪外交史内幕》中精辟地指出：斯拉夫人各部落屈服于瓦兰吉亚人的统治，"不仅是武力，而且也有彼此间的协议"，之所以如此，是由东斯拉夫人部落所处的"特殊地位"所决定的。因为当时北方有诺曼人（瓦兰吉亚人）的侵略，东方又有游牧民族佩彻涅格人的袭击和劫掠，"他们处于北方和东方的侵略之间，接受前者是为了抵御后者"①。

当然，在这里我们有必要对马克思所说的"特殊地位"问题做进一步的研究，找出产生这种特殊地位的历史原因。实际上，马克思在其著作中已经为我们指明了这一切："把北方其他野蛮人吸引到西方罗马去的那种神奇的魅力，也把瓦兰吉亚人吸引到东罗马去。"② 可以说，一切都源自对财富的追逐。要知道，在东斯拉夫人居住的区域范围内河流纵横交错，各地沿水道进行的贸易交换活动非常活跃，拜占庭帝国和东方伊斯兰世界的商人频繁出现在东斯拉夫人聚居的区域。③ 但是，正常的贸易交换活动常常受到来自周边游牧民族的破坏，给贸易活动的双方带来了巨大的损失和不必要的人员伤亡。由此，在这一时期商业城市开始纷纷建立城防设施，10—11世纪，各地商业城市中还出现了军事行政机构。④ 应该说，各地纷纷关注的建立城防问题促进了城市对武装力量的需求。一股由形形色色土著和外来人组成的武装力量逐渐集中于城市之中，渡海而来的瓦兰吉亚人正是这股力量中的外来人。

我们有理由说，是当时东斯拉夫人出于保卫自身和保护对外通商的共同需要，才促使他们从属于留里克王朝及其亲兵的统治，也就是说，保卫领地安全和保护贸易交换活动正常进行是古罗斯王公们的首

---

① 朱寰：《论古代罗斯国家的起源——马克思〈十八世纪外交史内幕〉第五章读后》，《社会科学战线》1979年第1期。
② 马克思：《十八世纪外交史内幕》，人民出版社1979年版，第66页。
③ 戴尔·布朗：《北欧海盗——来自北方的入侵者》，金冰译，华夏出版社2004年版，第57—89页。
④ B. O. 克柳切夫斯基：《俄国各阶层史》，徐昌翰译，商务印书馆1990年版，第30页。

要职责。据《始初编年史》①记载，11世纪中叶以前古罗斯外交史中最重大的事件是基辅王公向帝都（君士坦丁堡）的几次武装进攻。如果988年弗拉基米尔大公进攻拜占庭的移民区塔夫利亚的克尔松不算在内，那么在雅罗斯拉夫大公逝世之前一共对君士坦丁堡进攻了六次，分别在860年、907年、941年、944年、971年和1043年。究其进攻的原因，大多是因为古罗斯国家想维持或恢复被中断了与拜占庭帝国的通商关系。⑤由此我们可以得出，贸易交换活动在古罗斯国家社会生活中占有极其重要的地位。而维护商业所带来的共同经济利益则成为留里克王公亲兵队存在的决定条件。

直到13世纪，沃尔霍夫—第聂伯河水路是古罗斯国家重要的政治—行政交通线。一些开放的中心（城镇或村落）被古罗斯城市所取代，而在其中一个主要的——基辅（古罗斯领地的都城）的周围，兴建了巨大的大公堡垒的防御系统。这些堡垒保护瓦希水路，确保"在六月份沿第聂伯河顺流驶到……在罗斯统治之下的维季切夫堡"，基辅大公装备的那些独木舟（моноксиды），装满征来的贡物。基辅大公及其亲兵队到处征贡是"索贡巡行"。这些贡物是从诺夫哥罗德、斯摩棱斯克、柳别奇、切尔尼戈夫和维什哥罗德等地征收的，并运到这里来。②罗斯人与希腊人签订的条约规定，大公与希腊人进行贸易，按照Б. А. 雷巴科夫的说法，则是"销售巡行"（сбыт полюдья），从而使基辅大公和他的亲兵队越来越富有。在基辅的宝藏中有大量的金器，"像一大块金锭"③。另外，考古发掘所发现的9—11世纪的武器，多半都集中在瓦希水路上，某种程度上瓦希水路更像是由封建政权的军事基础保障的军事—政治干线。

---

① 《始初编年史》是俄罗斯古代编年史汇集，集中了有关俄罗斯9—11世纪，以及12世纪初的历史记载。起初被称为《涅斯托尔编年史》。主要包括《往年纪事》《弗拉基米尔时代罗斯受基督教洗礼的传说》和《基辅佩切尔斯基寺院编年史》。转引自瓦·奥·克柳切夫斯基《俄国史教程》第1卷，张草纫等译，商务印书馆1992年版，第79、153页。

② Д. А. Авдусин. Гнездовская Корчага. - В кн.: *Славяне и их Соседи.* Москва., 1970, с. 176.

③ Г. Ф. Корзухина. *Русские Клады* IX - XIII *вв.* Ленинград, 1954, с. 65.

由此可见，无论是"长途贸易论"，还是"内部根据论"都无法全面地解释这条大水路的繁荣。中世纪的东欧对于整个欧洲来讲是相当落后的，绝大多数原住民都处于氏族社会向阶级社会过渡的历史阶段，社会生产力发展水平非常低下，农业刚刚得到初步发展。正是在这样的内部发展条件下，一方面由北欧商人开辟的"瓦希大水路"将外部经济因素注入东欧大地，这种以营利为目的的经济因素转化成东欧地区经济社会发展的推动力；另一方面东欧经济在获得普遍提升的情况下，反作用于以"瓦希大水路"为依托的国际长途贸易活动。至此，保障了东欧大水路贸易的百年繁荣景象。

（二）繁荣的贸易促使原始氏族社会内部发生了深刻变化

中世纪北方贸易中出现的"维克"类型城市，实际上是维京海盗，或者说是斯堪的纳维亚商人在贸易商路上建立的贸易站，是一种以商业为基础的早期城市类型。当然，这一城市类型的出现，适应了东欧地区当时的社会发展状态。以商业为主的早期城市类型——"维克"类型城市沿瓦希大水路广泛建立起来。在这里应该指出的是，随着商业活动的日益活跃、发展，东欧地区的各氏族部落、部落联盟或主动地或被动地参与到商业活动之中，并从贸易活动中受益。物质财富剩余的逐渐增多，使原始氏族社会内部的社会关系正发生着深刻的变化。

到9世纪时，东斯拉夫人的氏族制度显然已经崩溃。氏族都分裂成若干个独立的大家庭。各家庭之间已不是由血缘关系而是由共同的地域联系起来，组成土地村社，东斯拉夫人称这种村社为"维尔弗"[①]，加入这种村社的农民被称为"斯美尔得"。

关于这一时期古人类的社会发展变化，马克思、恩格斯曾有过精辟的论断，他们认为，由于原始社会后期社会生产有了剩余，此时，掠夺邻人的财富与人口已成为部落的经常性职业。而军事民主制度就

---

① 安·米·潘克拉托娃：《苏联通史》第一卷，张蓉初译，生活·读书·新知三联书店1978年版，第63页。

成了此时古人类社会中社会制度的主要形式。

军事民主制度为经常性掠夺的军事战争服务，但保留了氏族部落的原始民主的性质，在氏族内部实行全体男性公民的表决，因而称其为"军事民主制"。在氏族内部，由于财产分化，长老和军事首领握有较多财富，权力向贵族、军事首领倾斜，民众会并无实权。军事民主制是氏族部落的管理机构走向国家阶级压迫机关的过渡形式，在国家的产生中发挥了重大作用。

军事民主制是社会发展和战争的产物。早期氏族部落间就时常发生冲突，但战争只是为了血亲复仇，地界纠纷等，所以军事民主制形成的初期，民主因素较多。军事首长的职位只意味着责任和义务。他们受到群众的尊敬和信赖，一般没有特殊的权利和报酬。但是随着生产力的提高，剩余产品的大量出现，私有制进一步发展，扩大私有财产和占有奴隶成为人们的需要，战争的性质也因此改变，以掠夺他方财富和劳动力为目的的战争也就产生并日益频繁起来，甚至"进行掠夺在他们看来是比进行创造的劳动更容易甚至更光荣的事情"。以致"战争以及进行战争的组织现在已成为民族生活的正常职能"了。

当时，东欧平原上的各部落、部落联盟绝大多数处于军事民主制的社会发展阶段，这一个阶段属于原始社会末期，父系氏族公社正处于崩溃的边缘。就军事民主制而言，一方面具有军事特点，如部落中军事首领和亲兵（非职业兵）；另一方面具有民主特点，还保留着长老议事会和民众大会等民主成分。当然，其中民主的成分随着剩余财富不断聚集在少数部落上层人物手中后，而逐渐消失。恩格斯在《家庭、私有制和国家的起源》一书中谈到军事民主制时说："其所以称为军事民主制，是因为战争以及进行战争的组织现在已成为民族生活的正常职能。邻人的财富刺激了各民族的贪欲，在这些民族那里，获取财富已成为最重要的生活目的之一。……进行掠夺在他们看来时比进行创造的劳动更容易甚至更荣誉的事情。以前进行战争，只是为了对侵犯进行报复，或者是为了扩大已经感到不够的领土；现在进行战争,则纯粹是为了掠夺,战争成为经常的职业了。"①

而当时人类社会的发展趋势正如恩格斯所描述的:"最卑下的利益——庸俗的贪欲、粗暴的情欲、卑下的物欲、对公共财产的自私自利的掠夺——揭开了新的、文明的阶级社会;最卑鄙的手段——偷窃、暴力、欺诈、背信——毁坏了古老的没有阶级的氏族制度,把它引向崩溃。"②

应该说,瓦希大水路的发展,使东欧平原上的贸易活动日益活跃,平原上的各部落、部落联盟越来越深刻地体会到物质财富的重要,他们不劳动,通过劫掠可以获得更多的财富。部落及部落联盟中的军事民主制受到了动摇,人类社会随着氏族制度的崩溃逐渐向阶级社会发展。部落、部落联盟内部发生了阶级分化,联盟首长逐渐成为统治一方的大公,而亲兵则逐渐成为贵族。究其原因就是财富越来越集中到少数人手中,而贫富的分化为阶级的产生提供了物质条件,而富有的少数人为了维护其物质利益就需要建立强制机构来加以实现,因此,国家作为阶级统治的工具登上历史舞台。古罗斯国家的建立正是东斯拉夫人内部发生阶级分化的结果,而阶级分化又根源于东斯拉夫人内部的贫富分化,并最终指向东欧平原上日益活跃的贸易活动的客观结果。

由此我们可以说,随着社会经济的逐渐发展,古代人类社会内部的社会关系逐渐打破血亲的界限,并随着内部成员的贫富分化而最终导致以利害关系为主要表现的阶级的形成,原始氏族社会时的民主成分逐渐消失,而作为阶级统治工具的国家形式应运而生。

二 中世纪北方贸易中的"维克"现象

唯物史观要求我们应该历史地看待问题。这也就是说,在认识事物、事件时我们应该立足于该事物、事件发生的历史环境中,也只有

---

① 《马克思恩格斯选集》第4卷,人民出版社1972年版,第160页。
② 同上书,第94页。

立足于当时的历史环境中，我们才能正确地把握事物、事件的本身。先进和落后是我们认识的结果，而这个结果本身是相对的。换句话说，先进和落后是不能脱离人类社会发展的阶段性（时代性）而单纯地加以判断的。那么出现在中世纪北方贸易中的"维克"现象，对古罗斯国家的形成有什么意义和作用呢？我们知道，在《往年纪事》中有个"邀请瓦兰吉亚人"的说法，而后瓦兰吉亚人的代表留里克又建立了古罗斯政权，然而也有学者认为，是这些维京海盗（留里克兄弟）窃取了古罗斯人的政权，究竟怎样来理解这一记述，笔者认为，通过分析"维克"这一现象便能洞悉其中的一些端倪。

中世纪北方贸易中出现的"维克"，实际上是维京海盗，或者说是更广泛意义上的斯堪的纳维亚商人在贸易商路上建立的贸易站。语言学家们主要支持以下两种认识：有一种说法认为，维克"vik"的意思是"海湾"，可能是来源于古代北欧人的古北欧语言，"ing"的意思是"从……来"，因此"viking"的意思就是在海湾中从事某种事，"vikingr"是在海湾中从事某种事情的人。另一种说法认为，维克是来源于古英语"wíc"的意思是"进行贸易的城市"，因为后来部分维京人定居到不列颠岛，并和当地人进行贸易。上述两种语言学的说法虽各有侧重，但总体上可以判断，"维克"一词是"维京海盗时期"出现的。

（一）维克适应了海盗时代的无政府状态

就其形成过程来看，维克是违背中世纪城市起源传统模式产生的。城市起源的传统模式是：随着农耕区域的增长，耕作技能不断提高，劳动分工随即出现后，手工业逐渐分离出来，交换得到了长足发展，商业逐渐分离出来，最后手工业和贸易职能在非农业聚居点固定下来——城市出现。[①] 而维克则是在区域之间贸易和交换的基础上产生的。显然，在文德尔时代，斯堪的纳维亚地区就存在着不同经济特点

[①] Массой В. М. Экономика и Социальный Строй Древних Обществ, Л., 1976, cc. 140 – 144.

的各区域之间的交换。在海盗时代,在维克的市场上,人们愿意用他们当地生产的铁制品和用皂石做的陶器,去交换农产品;而市场上的农产品通常用来满足弗里斯商人和德意志商人的需求,来交换毛皮或船上用的绳索。

考古发掘的一些实物资料确定了一些相对早期的贸易活动的足迹,在那个特定的时期,地方手工业的组建要晚于贸易中心的建立,一反城市起源的传统模式。

就其构成特点来看,维克是一种过渡形式的早期城市类型,在很大程度上处于无政府状态之下。我们可以通过研究下列维克的特点而得出相应的结论。

(1) 维克区别于那些作为地方领地或部落领地的都城,它们通常分布在"无主之地",在部落、民族之间的边境地区(使它们可以游离在地方政权的管辖权之外);(2) 维克分布在重要的贸易交通要道上,通常位于离海岸较远的相对安全的地方;(3) 维克不具备必要的防御工事。至少在维克的早期是没有防御工事的,后来随着居民点的发展建造了防御围墙(大约在10世纪时才出现防御工事);(4) 维克有很大的场地,要比同时代的西欧城市的场地超出好多倍;(5) 维克中的居民数量不固定,数量的波动取决于贸易季节;(6) 维克中建造房子地点在早期是可以自由选择的,后来分为"带印税的居民区用地",这一部分区域的房屋随着贸易的繁荣而渐渐变得密集,另外,则是带有城市公用事业属性的用地(如桥梁用地、岸边用地、水井用地等);(7) 维克被各种拥有不同宗教仪式的墓地包围着,大多数情况下,维克将异族居民们,以及外来人联系在一起,在区域内不使用任何许可证书。不同民族、不同信仰的居民墓地紧挨着维克,位于居民点的领地上;(8) 维克因为游离在地方政权的管辖之外,所以它没有法制约束。

可以看出,维克的构成是十分不稳固的,内部充满着矛盾和斗争。但在很大程度上适应了靠劫掠为生的海盗环境。8—10世纪是维克的繁荣时期,到11世纪时,维克消失了,被王权建立的"新型城市"所取代,那些新型城市逐渐发展成中世纪的法制城市。

上述维克的特点可以通过现代考古发掘来加以证实:如挪威的维克—斯基林格萨利(卡乌潘格),与里别一样紧密联系着北方海路上的中心。居民点建在奥斯陆峡湾的出海口附近,在韦斯特峡湾"帝王墓"区的南部边界上,在山麓的根部,向着海湾的深处,成为岛的保护锁。附近的墓地与居民点相连,在那里发掘出近200座坟墓。大多数墓穴属于海盗时代的初期,没有晚于10世纪中叶的墓穴。斯基林格萨利的繁荣时期应该在870—890年。斯基林格萨利的墓穴当中,有100座以上的墓穴是采用火葬的宗教仪式(其中有3座墓穴中有大船上用的铆钉,属于B类型的宗教仪式)。而在挪威最有影响的类型之一——是采用宗教仪式将全尸埋葬在大船里。这种在棺材里放全尸的土墓穴显然属于外来居民。不同宗教仪式表现形式的结合,证明了居民构成的复杂性,他们应是挪威人和丹麦人、瑞典人,以及西欧人的联合。

(二) 维克适应了海盗时代贸易活动的分散性和多向性

8世纪末9世纪初,北欧与地中海地区之间的贸易活动十分活跃,经过大西洋抵达地中海地区的东部海运通道和经过"瓦希大水路"抵达拜占庭的西部河运通道相继形成,东、西贸易通道交汇于波罗的海地区,形成了独一无二的"银桥",将西起不列颠,东到卡马河沿岸地区,北起挪威的边境地区,南到欧洲南部的黑海—里海草原地区的广阔空间联系起来。

"北方贸易"的中心——维克,是根据自身所处的环境特点形成的,内部充满矛盾性、复杂性、过渡性的构成体。在这样的构成体中,人与人之间的关系是不牢固、不清晰的。但是,它却是当时最能有效发挥社会和经济职能的固定居民点。可以说,维克在很多国家和地区建立起来,如挪威、瑞典、丹麦等国和斯堪的纳维亚地区,以及波罗的海沿岸地区等。各地的维克相互联系,组成了完整的贸易网点和道路体系,沿着这一体系阿拉伯银币到达了不列颠,而爱尔兰的珠宝制品到达了伏尔加河上游地区。① 维克的规模虽然不大，但在这里集中了贸易活动，并出现了手工作坊，后来城市自治和法律的形式也有了些许发展，新的社会群体——商人、手艺人开始形成，同时在这特定的时期里，早期封建卫队阶层也开始形成了。② 尽管现代语言学对 wik 和 vikingr 的语义关系还存在争议，但是这些现象的历史相互联系是不可争辩的：两者属于过渡时期，它们体现出历史基本的发展趋势。

近年来，一系列考古发掘为我们进一步了解北方维克的特点提供了重要资料。例如：对海杰比尤城的近郊和居民点领地进行的有计划的考古发掘工作，可以使我们对维克的适应能力产生进一步的了解。

海杰比尤城位于日德兰岛最狭长的南部地区。该城附近水系纵横，便利的水路交通使得该城与北海沿岸的城市保持着密切的联系。交通的便利，有助于贸易的流通。海杰比尤城及其附近的居民点多建立于公元 7 世纪末 8 世纪初，多为弗里斯人的贸易和手工业海外商站。至于海杰比尤城的规模，通过考古发掘证实，该城的规模不大，包括不大的没有防御工事的居民点和河溪右岸的土墓穴，依据地势该城建有"半圆形围墙"。研究者们通过研究墓穴瓶状墓饰内烧掉的东西，以及朝向南的尸骸，确定它们属于 8 世纪（9 世纪时尸骸朝向西，并带有椭圆形的扣针）。③

虽然研究者们在该遗址中发现了很多与地方手工业相关的遗迹：用于玻璃生产的炉灶（将玻璃做成项链），大量的铁渣，锻造的样式和型槽。海杰比尤城的手艺人掌握了有反正面形式的铸造技术，以及曾被遗失的细丝技术和粒化技术。找到了不同时期生产的骨制梳子的半成品，琥珀制品和半成品，而从 10 世纪开始，海杰比尤城生产陶器。所有这些遗迹都集中在相对狭小的地方，也由此使人们得出了在 10 世纪，该城已划分出了手工业区的结论。

---

① Дубов И. В. Северо-восточная Русь в Эпоху Раннего Средневековья. Л., 1982, c. 170.

② Булкин В. А., Лебедев Г. С. Гнездово и Бирка (к Проблеме Становления Города). - В кн.: Культура Средневековой Руси. Л., 1974, cc. 11－17.

③ Глеб Сергеевич Лебедев: Эпоха Викингов в Северной Европе. - Л.: Издательство Ленинградского Университета, 1985. www.ulfdalir.narod.ru/literature/Lebedev-G-Epoha/2trade.htm.

但是，手工业工匠只是这个城市居民的一部分。该遗址中大量的遗迹还是与贸易相关的：最为重要的是秤砣和钱币，由此学者们判断出，在海杰比尤城的斯堪的纳维亚居民中形成了一个新的社会群体——商人。根据研究者们的研究发现，在海杰比尤城除了有秤砣外，还可以找到北方度量单位——马克（204.6 克）、二欧尔（49.9 克）、欧尔（24.3 克），以及与 8.6 克、7.8 克、5.09 克、2.2 克、0.2 克，相同重量或几倍重量的钱币。同时学者们认为，不晚于 825 年，在海杰比尤城开始模压第一批北方钱币。并指出，人们甚至可以在海杰比尤城的"贸易人"中看到欧洲北部货币体系的缔造者，货币流通的首倡者。由此，我们可以说，在一定程度上维克的出现适应了当时贸易环境的需要。

（三）维克适应了海盗时代强力阶层利益的再分配

上述情况迫使历史学家们做了一系列的补充说明，如手工业"局部"分离，国际贸易的"特殊"发展，以及"强力阶层经济"在缺乏准确的历史—社会学考证的情况下的分化。[①] 但是诸如此类的补充说明没能揭开现象的本质。本质仍然隐藏在维克之中，就像"北方贸易"并不仅仅是直接经济发展的结果一样。对于维克的繁荣来说，不断地将那些通过非经济途径获得的大量物质财富运送到北方，有着重大的意义。在很大程度上，维克的繁荣是海盗远征的结果，与贸易流通一样，恰恰是军事战利品为这些中心的繁荣提供了稳定的保障。

综合所有知道的有关北方贸易、海盗时代、海盗社会和海盗的外界代理人的资料，可以使我们划分出决定维克发展进程的内外因素。

1. 内部因素

6—11 世纪斯堪的纳维亚经济的繁荣；7—8 世纪经济的繁荣使氏族部落显贵们的势力得到了增长，为交换活动准备了条件，建立了经营显贵们财产的机构和中心，为氏族部落显贵们专营对外贸易，逐渐

---

① Шаскольский И. П. Возникновение Раннеклассового Общества и Государства (IX - XI вв.). - В кн.: *История Швеции*. М., 1974, cc. 62 - 82.

导致了显贵们与自由村社成员之间矛盾的日益激化;海盗的扩张,以此来作为解决矛盾的方法;海盗扩张过程中不同角度(方面)的分化。

(1) 开拓,9世纪后半期到10世纪前半期,自由村社成员阶层在不列颠半岛、冰岛和诺曼底实施的开拓;

(2) 贸易,"商业人"阶层出现,公元11世纪,第一批商人联合的组织出现;

(3) 军事—封建,体现在职业军事卫队的实践中,他们的首领要么建立了新的领地,要么成为其他国家封建主构成中的一分子;这一阶层最终成为北方贸易圈中的主要消费者,而在特定的阶段(10世纪中期前后)这一阶层试图建立起主宰者的姿态("控制罗斯人的贸易",每年基辅大公的侍卫们都要在君士坦丁堡采集贡品)[1]。

2. 外部因素

西方:

7世纪,由于阿拉伯世界的威胁,法兰克强国的中心向北转移;法国东北部和弗里斯兰的经济繁荣;7世纪至9世纪前半期,弗里斯人的贸易积极性。

东方:

从8世纪末开始,阿拉伯银币进入东欧;到公元9世纪初叶前,伏尔加—波罗的海水路形成;斯拉夫部落、芬兰—乌戈尔语系民族部落和波罗的人部落处于贸易联系之中。

总的趋势决定了所有这些因素的效力——欧洲早期封建体系的形成,符合了社会生产的剩余产品的再分配的要求。在进步社会中(法兰克帝国、拜占庭、阿拉伯哈里发)这一过程对早期封建国家作了严格的规定。在封建主世界的外围,在北欧和东欧"蛮族社会",积蓄的财富流传得更为自由。如果在停滞不前的部落社会结构中(文德尔时期的诺曼人、法兰克征服之前的撒克逊人、普鲁士人等),获得的

---

[1] Рыбаков Б. А. *Язычество Древних Славян.* М., 1981, cc. 318 – 342.

财富多被部落显贵所垄断，那么在广泛扩张的条件下，这一结构在斯拉夫人在中欧和东欧临时迁移时，以及在海盗时代的斯堪的纳维亚人那里被弱化了，新财富的增长，刺激了广大的"军事—民主"侍卫阶层的积极性，财富增加了很多倍，他们经常通过强力的手段和途径进行再分配。渐渐地，在长期争斗的过程中分离出了更多有组织的、强大的集体，他们联合在富有的和有威望的首领、第一批大公和前封建国家组织的酋长周围。

由此，北欧城市的历史前身——古北方的维克，成了财富再分配的中心，简单地说就是瓜分抢劫来的战利品、供品和赎金的地方，以及可以用得到的东西交换海外的物品——珠宝、饰物、武器、贵重的织物、奴隶、银币和其他社会威望象征物的地方。

海盗在欧洲人（不仅是中世纪的编年史作者，而且有新时代的历史学家）的眼里一直是残忍和胆大妄为的掠夺者、压迫者和杀人犯的形象。直到20世纪，特别是在最近的几十年里，学术界开始从另一个视角来诠释那个时代：那个动荡的并伴有军事毁灭和劫掠的时代，同时也是经济建设迅猛发展的时代；横贯大陆的交通体系和中心的建立，稳定的、多方的、国际的、"北方贸易"繁荣的时代。[1]

那个时代的城市、道路，以及用于贸易的运输工具，都被海盗用来进行军事征服。实践在不同的场合有着不同的表现形式。"维克"的出现正是适应了当时复杂环境的需要。

尽管我们还很难说，这些维克在多么大的程度上决定了8—9世纪北方贸易的动态或进程。但是，我们可以肯定地说，"维克"的开放形式，以及维克中贸易和手工业的发展特点，一定程度上促进了北欧地区内部和地区之间贸易的发展，促进了北欧早期封建体系的建立，为北欧中世纪法制城市的产生提供了必要的准备。换句话说，"维克"现象的出现符合了当时的时代要求。

---

[1] Кирпичников А. Н., Лебедев Г. С., Булкин В. А., Дубов И. В., Назаренко В. А. Русско-скандинавские Связи в Эпоху Образования Древнерусского Государства（Ⅸ－Ⅺ вв.）- Scando–Slavica, 1978, No. 24. cc. 81–82.

(四)古罗斯国家的建立是大水路贸易发展的客观结果——兼谈拉多加城的历史地位

拉多加城位于东北欧拉多加湖南岸,沃尔霍夫河注入拉多加湖的河口处左侧,其西是拉多加湖流入波罗的海的涅瓦河。关于拉多加城建立的确切日期暂时没有找到任何相关的记载,"建于753年"的说法也是根据诸多研究者进行的科学推测确定的。1984年,学者们根据发掘到的铁匠作坊的木制模子,运用测树木年代的方法,确定该木制模子属于753年。并由此将该城建造时间定在753年。当然,对此学界仍存在着其他不同的认识。1997年,Е. А. 里亚比宁领导的考古发掘,发现了不少于25件属于欧洲中世纪早期750年的珠宝加工作坊和铸造作坊的器具。由此,他认为拉多加城建造的时期应在750年。但更多的人认为,该城建造时间是在753年,并在2003年举行了庆祝拉多加城建成1250周年活动。

最初的拉多加城和其他城市一样,也是从很小的居民点逐渐发展起来的。现代考古研究者们用电子模拟的方法重拟了当时围绕拉多加城的古代河川状况。认为,当时拉多加城占地非常狭小(不超过0.6—0.7公顷,不多于10户房子,住近100人),采用环形和半环形的防御布局,封锁着水域。① 虽然该城占地面积不大,但是地理位置十分优越。拉多加城处于东欧平原西北部,邻近内陆河流与海洋(波罗的海)的交汇处,战略地位十分重要。中世纪时期,这里曾是北欧与拜占庭帝国之间进行贸易的河运通道——"瓦希大水路"的一个中转站(海运转河运),并逐渐成为控制"从瓦兰吉亚人到希腊人大水路"北段的要冲。后来,随着东欧平原上诸多城市的建立和发展,该城渐渐被相继出现的一系列史书所遗忘。

一千多年的历史过去了,深埋的古遗迹使拉多加城的早期历史变得越来越神秘,一些切实需要解决的问题还处于科学假设的阶段。随

---

① С. Л. Кузьмин: Начальный Этап Истории Ладоги, *Старая Ладога*, http://www.oldladoga.ru/173.html.

着尘封的历史被逐渐地展现在人们面前,这座古老的小城在历史上的地位与作用越来越受到学术界的广泛关注。

其一,拉多加城的建立促进了地区间的交往。拉多加城的建立促进了地区间的交往。8世纪50—70年代,拉多加城是东欧平原西北部唯一一个大居民点。当时,拉多加城作为斯堪的纳维亚人在沃尔霍夫河流域内建立的"固定"居民点:一方面,为斯堪的纳维亚人与东欧平原西北部居民的稳定联系提供了前提条件,成为一个推动斯堪的纳维亚人向东推进的边界站;另一方面,为东欧内部区域间交往的加强创造了有利条件。该城的建立对于斯堪的纳维亚人来说,有利于建立横贯欧亚大陆的波罗的海与哈里发国家之间的交通线。当时,大批穆斯林商人携带阿拉伯银币来到顿河和伏尔加河流域一带,这对北欧人来说是一个极大的诱惑,因为他们自己没有银币来源。①

拉多加城处于沃尔霍夫河下游地区,这一地区的经济主要侧重于自由贸易和服务水路。因此,在拉多加城遗址中没有发现具有农耕区域城市特征的波雅尔宫廷建筑。根据考古发掘判断,在绝大多数情况下,那些房屋建筑的所有者是从事商业和生产制作的自由人。从1972年开始,苏联科学院物质文化史学院对古拉多加城进行了考古学的考察。其实,对该城进行的科学考察最早始于1908年,而这次新的考古发掘证明,这个城市最初时期的物质文化带有多民族性。在这座古城的文化层中找到了地中海的项链、弗里斯人的梳子、斯堪的纳维亚人的青铜扣针、带托尔(斯堪的纳维亚古代神话中的雷神)锤子的铁制颈饰。来自东方的秤砣、玻璃月牙、镶宝石的戒指和用光玉髓和水晶制成的项链。1991年的考古发掘达到了5米的深度。在这个坐落于沃尔霍夫河口的古老地方,保存了大约160个考古学、建筑学和艺术遗址。总面积约10公顷,其文化层的厚度达到3—5米,沉积着8—17世纪的历史文化。在那里发现了很多欧洲和亚洲民族的古代文明。这对拉多加城的历史来说还只是很小的一部分,

---

① 戴尔·布朗:《北欧海盗——来自北方的入侵者》,金冰译,广西人民出版社2002年版,第75页。

因为现阶段的考古发掘才只发掘了5%的文化层。

考古学家们认为：拉多加遗址的Ⅰ文化层和Ⅱ文化层属于拉多加早期，在Ⅰ层（750—760年）中发现的中央带有炉灶的"大"房子，北欧古代的一些物品，以及锻造首饰的作坊，足以证明这一切都与斯堪的纳维亚人成群的向东移有关。并认为，大概是由于军事冲突，Ⅰ文化层的建筑在760—770年就停止了，也就是说Ⅰ文化层的建筑特点在770年后的地质层中已经找不到了。之后，木椁结构的房屋结构得到了推广。Ⅱ文化层所出土的文物与1000年后半期东欧北部草原地带的古代遗迹之间有着某种程度的联系，也就是说，拉多加城开始了罗斯化的进程。

其二，拉多加城成为"留里克王朝的基础"。拉多加城为留里克王朝的建立提供了最初的政治、经济和军事基础。很多史料证实，留里克来到斯拉夫人的营地后，最初是坐镇拉多加城。《伊巴特编年史》中写道："于是，人们首次来到斯拉夫人的土地，建造拉多加城。最年长的留里克坐镇拉多加。"《科学院抄本》写道："于是，人们首次来到斯拉夫人的土地，建造拉多加城。留里克坐镇旧拉多加城。"① 按照"邀请瓦兰吉亚人"的说法，留里克在达成协议的条件下（签订契约书），在862年被邀请到拉多加城，多半是作为斯拉夫—芬兰部落联盟的军事首领。来到罗斯后，留里克篡夺了曾属于地方大公或长老的权力。虽然最后的事件没有在《往年纪事》中被指出，但在其他史料中可以找到相应的表述（《尼康诺夫编年史》、塔季舍夫《自远古以来的俄国史》）。② 当然，就此问题学界仍存在着不同的认识，还有一些史料对上述史实存在着不同的表述。如《往年纪事》中写道："于是，罗斯人从自己的氏族里推举出三位兄弟，率领他们所有的人，来到斯拉夫人这里。长兄留里克坐镇诺夫哥罗德……"但是，笔者认为，留里克最初坐镇拉多加城，并最终窃取了权力是可信的。

---

① 王钺：《往年纪事译注》，甘肃民族出版社1994年版，第44页。
② Д. и. н. А. Н. Кирпичников: Раннесредневековая Ладога и Основание Династии Рюриковичей, Старая Ладога, http://www.oldladoga.ru/173.html.

应该指出，在当时拉多加城大概是东欧西北部唯一的大居民点，在邀请瓦兰吉亚人来之前已经存在100年了，并且成为北方斯拉夫部落与芬兰部落之间的贸易城，在波罗的海—里海和波罗的海—黑海的大水路交通线上占据关键的位置。在留里克到来之前的100年中，拉多加城中已有铁匠、陶器工、皮革工、珠宝匠。贸易和手工业活动频繁。繁荣才更值得保护，邀请瓦兰吉亚人的目的正是保护这种繁荣。另外，现代考古学发现了一些现实的变化恰恰发生在留里克和奥列格出现在拉多加城的时期，并基于这些变化，确定了"邀请瓦兰吉亚人"说法的现实基础。根据考古发掘显示，当时在那里建造了石砌的要塞，要塞正对着领地，并且在要塞附近有孤立的诺曼人墓地。通过对被发掘出的古文物的分析，所表现出来的特征都说明该墓地与日德兰墓地具有相似性。在9世纪后半期城市领地的考古文化层中，发现了规模统一化的小块土地。它们曾是手工艺—商人的住所。与此功能相类似的小块土地，在对丹麦的里别城进行考古发掘时也曾发现过。拉多加城和里别城的实例揭示了城市统治者们的实践活动，他们将那些从事自营活动的人吸引到城市中，分给他们一定量的被定了规则的土地。在古拉多加城中保有瓦兰吉亚街，大概起源于9—10世纪。在那样的时期里，拉多加城成了王公家族代表们占据的领地。

金钱和武器是统治阶级的标志。这一时期，拉多加城的贸易职能得到了延续，为留里克王公们聚敛财富提供了可能。拉多加城在9世纪的后半期成为专门的贸易和手工业中心，依托大水路所进行的贸易活动异常活跃。当然，这在某种程度上也取决于留里克王公们的军队所提供的有利的贸易环境。

不可否认，这一时期的贸易活动带有很强的军事色彩。因此，拉多加城的军事历史也是非常丰富的。拉多加城多次击退外族的侵袭，不仅在战斗中保存了自己，也保护了诺夫哥罗德城，遏制了敌人，使他们不能向罗斯内陆深入。一些研究者认为，在阐述拉多加城领地内的军事活动时所用的词汇应是"战斗"和"血流成河"。拉多加城领地内的第一批军事事件，是斯拉夫人与芬兰—乌格尔语族人群之间的战斗，以及战胜瓦兰吉亚人的入侵。8世纪末9世纪初，在拉多加城建造了第一批石砌城堡。在中世纪早期，拉多加城统领了奥涅加和伊若拉地区的防务，由此将上述地区保存在后来形成的古罗斯国家之中。①

大量的军事活动不仅促进了拉多加城防御体系的加强，同时也逐渐形成了效命于大公政权的军事力量。彼得堡的一位考古学家瓦列里耶姆·佩尔坚科在临近拉多加城的南部墓群中发现，在3号圆锥形墓穴中有一个像三叉戟一样的武器，上面佩带的青铜梯形吊坠的两面有一些标记。一面刻着"а"，与基辅大公弗拉基米尔·斯维雅托斯拉维奇钱币上的印记相同；另一面刻着"б"，与雅罗斯拉夫·弗拉基米洛维奇的带有标志的钱币上的印记相符。② 大多数研究古罗斯历史的研究者认为，这些吊坠上的标记是古罗斯大公政权的正式帝王标志——一种委任标志。由此认为，那个被发掘出来的带标记的吊坠，是官吏受大公政权委任的标志，代表弗拉基米尔·斯维雅托斯拉维奇，以及他的儿子雅罗斯拉夫进行统治。当然，就此问题学界还存在另一种不同解释，提出了关于"二头统治"的假说。但是，雅罗斯拉夫并没有与自己的父亲在基辅大公的王位上共同执政，只可以说他们得到了共同执政的地位，同时得到了受基辅监督的独立大公爵位。

其三，拉多加城成为古罗斯国家西北部"贸易前哨和防御堡垒"。862年，留里克在诺夫哥罗德建立政权。当时，在诺夫哥罗德领地的中心地区有两个城市居民点——拉多加城和诺夫哥罗德城。它们清晰地凸显在东欧的整体地理环境内，分别位于沃尔霍夫河的下游和上游，沃尔霍夫河将二者连接起来。这里我们应该指出，在1000年的最后250年中，在沃尔霍夫流域和伊尔门湖地区存在两大因素决定着该区域内的历史进程，构成了拉多加城和诺夫哥罗德城

---

① Т. А. Пушкина: Скандинавские Находки с Территории Древней Руси (обзор и топография), Старая Ладога, http://www.oldladoga.ru/173.html.

② А. В. Плохов: Подвеска со Знаком Рюриковичей, Старая Ладога, http://www.oldladoga.ru/122.html.

发展的外部环境。其一，土地在被芬兰语部落占据之前，斯拉夫人对该地区的垦殖；其二，波罗的海—伏尔加河贸易水路的形成，将东方伊斯兰教国家和东欧地区，以及波罗的海地区联系起来，沿着这条水路古代阿拉伯钱币流从南面涌入，而斯堪的纳维亚人开始从北面渗透。两种因素对该区域内社会经济的发展、第一批城市中心的建立、居民点的类型、居民分布的特点和在一些主要事情上的倾向产生了现实的影响。

拉多加城的地理环境决定其成为古罗斯西北部的贸易和手工艺中心。拉多加城建在斯拉夫世界的最北部边界上，距离伊尔门湖附近的斯拉夫人原驻地200公里。西面紧靠浓密的、无人居住的多沼泽森林，东面远离芬兰语部落居住的夏西河地区。该城周围的地理环境区别于伊尔门湖地区的肥沃土地和广阔的河滩地，区别于伊尔门湖地区可供使用的大河谷地——洛瓦季河谷地、波拉河谷地和姆斯塔河谷地，在这里——沃尔霍夫河下游地区没有为农业的发展提供任何特别优越的条件。在拉多加城的周围地区没有密集的农业居民点，拉多加城不是农业区的中心，不能以农业的发展来保障和决定它的繁荣。

拉多加城及其附近居民点成为沃尔霍夫河上第一个服务水路的居民点群体，其中每个居民点都有防御工事。它们的主要职能是为海运转河运提供船只等物资和技术服务。一些相应的手工作坊遗址可以在拉多加城的遗址中找到，其中发现了大量船舶上用的铁制品，如铆钉、钉子、铁钩，还有一些用树的韧皮编成的绳索。为了进一步验证"服务水路"的观点，我们有必要提及另外两个与拉多加城附近居民点群相似的群体，这两个居民点群也建在沃尔霍夫河沿岸，它们分别集中在河流上临近石滩的地方：其一，位于由第一群体向上游方向的9公里处，临近危险的石滩；其二，位于向上游方向的30公里处，在普切夫扎河石滩附近。在那里，每一个居民点都有防御工事，这一特点十分重要，因为当时在伊尔门湖和拉多加城地区，有防御工事的城市也只是个别现象。可以说，上述居民点群不仅需要为经过此地的船只提供引导、货物保存、修理等服务，而且还要为船队提供必要的保护。① 在此基础上，8世纪后半期至9世纪由于上述服务水路的职能，使得拉多加城的社会地位迅速提高。拉多加城成了通往波罗的海的门户，由此向南，它是自北方向大陆深入的水路的开始，同时也是海上航运的结束，从这里须通过连水陆路和石滩的河流航行。从运输的技术角度说，这里所需要的完全是另外一种类型的技术素养。

拉多加城的经济定位于对外经济联系。到9世纪末，拉多加城已成为古罗斯重要的贸易和手工业中心之一。各国的商人沿着东欧平原上的大水路——伏尔加河和第聂伯河，到达阿拉伯哈里发和拜占庭，并沿着这条大水路返回，通过拉多加城的船只上运载着武器、奴隶、毛皮、饰物、奢侈品、器具（家私）、佐料和香料。地中海项链、波罗的海琥珀、芬兰的装饰品、阿拉伯银币、高加索和中亚的玻璃制品、斯拉夫头饰和鬓发环，所有这些物品都在拉多加城的考古文化层中被找到。经过拉多加城向东运送毛皮、蜂蜡、亚麻、女奴和男奴，向北运送饰物和那些在欧洲都不多见的成色高的银币。在这里需要指出的是，当时仅在拉多加城与波罗的海之间就形成了两条通道：（1）拉多加湖—涅瓦河—芬兰湾；（2）拉多加湖—武奥克萨河—芬兰湾。这在某种程度上可以说明当时经由此城的货物流应该相当繁忙。②

综上所述，拉多加城在其建立和发展的初期，对南北贸易的繁荣和古罗斯国家的形成具有不可替代的作用。尽管这座城池由于自身条件的限制，以及经济中心的南移，逐渐退出了历史的舞台，但是，它在中世纪早期的南北贸易中的地位和作用，更重要的是在古罗斯国家形成过程中的地位和作用是不应该被忽略的。

---

① Е. Н. Носов: Раннегородские Центры Поволховья Проблемы Возникновения и Соотношения, Старая Ладога, http: //www. oldladoga. ru/173. html.

② Ирина Самойлова: Политический Центр Древнерусского Государства, Старая Ладога, http: //www. oldladoga. ru/115. html.

三　古罗斯王公的亲兵队

古罗斯虽为早期形式的国家，但其实质仍不失为阶级剥削和阶级压迫的工具。860年，外来的征服者瓦兰吉亚人贵族与当地新兴的东斯拉夫人贵族相结合，构成古罗斯国家的统治阶级。862年，留里克应诺夫哥罗德贵族之请，率领自己的瓦兰吉亚人亲兵队在诺夫哥罗德建国称王。当地部分贵族不服留里克的统治，掀起瓦丁姆暴动反对留里克。但是叛乱贵族终被镇压。留里克于879年逝世，其子伊戈尔尚处于冲龄。留里克在去世前将其子托付给亲属奥列格监护。奥列格以摄政王公的身份继续统治诺夫哥罗德，并决定沿"大水路"继续南征，以扩大新兴国家的领土。奥列格及其亲兵队先后占领第聂伯河上游的留别奇和斯摩棱斯克，并于882年占领基辅，遂以基辅为中心建立基辅罗斯国，即古罗斯国。留里克王朝初期的历代王公及其亲兵队，是这个国家的统治集团。尽管马克思说："早期留里克王公们的政策跟现代俄国的政策是根本不同的。它不折不扣是席卷欧洲的日耳曼蛮族的政策。"[①] 毫无疑义，古罗斯国所推行的政策必然是留里克王朝统治集团最高利益的集中反映。因此，古罗斯国留里克王朝王公们及其亲兵队对国家的统治和管理就很有研究的必要。从古罗斯历代王公与亲兵队关系的视角，我们可以更加明晰古罗斯国早期政治制度、经济制度的概况。

（一）历史上各族军事首长和亲兵队产生的规律

何谓亲兵队？亲兵（дружина）一词，最古的含义是"家奴、盟友、同伙"，后来演变为军事仆从。古罗斯王公的亲兵队和世界上其他民族王公的亲兵队一样，不是在国家形成时期突然产生的，而是东斯拉夫人和瓦兰吉亚人社会发展的必然结果。在原始社会末期战争已

[①] 朱寰：《论古代罗斯国家的起源——马克思〈十八世纪外交史内幕〉第五章读后》，《社会科学战线》1979年第1期，第179页。

经经常化，因此军事首长及其率领和指挥的亲兵队就成为对内维持社会秩序，对外维持国家安全的军事组织。投到军事首长门下的有贵族，也有平民；可以是同族人，也可以是非同族人。根据文献记载，公元9世纪至11世纪前半期，亲兵制在古罗斯比较盛行，不仅基辅大公、地方王公，甚至地方大波雅尔，也都有自己随身的亲兵队。①

就亲兵队的产生而言，可以追溯到原始氏族社会末期的"军事民主制"时代。在原始公社制解体过程中，氏族首长必须领导本组成员出去作战，打完仗再回本族住地进行生产。这样一来经常因为战争而影响生产，误了农时。后来氏族酋长就把战争和生产分工进行。族内年轻力壮者由一位军事首长领导去打仗，那些老弱妇女则留在氏族内进行生产。从而在社会上就形成了军事首长及其率领的亲兵队。他们以战争为职业，经常征战和劫掠，发了战争财。所以在军事民主制时期社会上形成了一种观念，认为战争掠夺来的财富比自己生产的财富更光荣。随着原始社会的解体和国家的产生，"一切文化民族都在这个时期经历了自己的英雄时代"②。由于生产力的提高，私有财产的发展，部落之间因为掠夺土地、财富、牲畜和人口发生着频繁的战争。恩格斯说："以前进行战争，只是为了对侵略进行报复，或者是为了扩大已经感到不够的领土；现在进行战争，则纯粹是为了掠夺，战争成为经常的职业了。"③ 由于部落之间经常发生战争，为了使自己立于不败之地，一些部落与部落之间开始进行联合作战。而部落的联合最终导致军事首长职位的产生，正如马克思所说："这一职位的产生，是由于社会在军事上的必需。"④ 同时，由于经常性的战争，尚武精神得到发扬，暴力行为盛行。军事首长的权力在频繁的掠夺战争中得到加强，逐渐成为统治一方的王公，而追随其不断征战的勇士们逐渐成了效忠其主公的亲兵。马克思曾在探讨留里克王公与其亲兵队早期关

---

① 王松亭：《基辅罗斯政治制度考略》，《社会科学战线》1994年第3期，第178页。
② 《马克思恩格斯选集》第4卷，第159页。
③ 同上书，第160页。
④ 马克思：《摩尔根〈古代社会〉一书摘要》，人民出版社1965年版，第122页。

系时指出，他们是"没有采邑的臣属关系或者只是纳贡采邑"关系，这说明留里克王公与亲兵队关系的维持是一个例外，并不是靠采邑分封而连接起来的，因为留里克王公没有土地，只能把征收和掠夺来的贡物分些给他们（把贡物当作采邑），所以马克思说："瓜分贡物和乘机劫掠是亲兵发财的机会，是王公与亲兵之间联系的纽带。"① 为了不断地获取可瓜分的财物，大公们不断地发动征战。通过发动战争，不断地聚敛财富。然而，财富并不是统治的手段，大公们实际所需要的是随着财富的不断增长而逐步提升自己在人们心中的威信。而这种威信常常被赋予一定的宗教色彩。在物质财富相对匮乏，精神信仰相对复杂的中世纪社会中，被神化了的大公形象有利于当时的国家统治。

（二）留里克王公与亲兵队存在的条件

古罗斯国留里克王朝的王公们与其亲兵队关系的总体特点，正如马克思在《十八世纪外交史内幕》一书中所阐述的：亲兵队"既充当他们的卫队又充当他们的枢密机构的亲兵队，仍然是清一色的瓦兰吉亚人；标志哥特俄罗斯全盛时期的弗拉基米尔，和标志哥特俄罗斯开始衰落的雅罗斯拉夫，都是靠瓦兰吉亚人的武力登上俄国王位的"。②

根据9—12世纪的历史文献记载，我们会清楚地发现，古罗斯王公们持续不断地进行着征服活动。有的学者认为，这一时期古罗斯社会的政治划分应以征服为基础：一部分是征服者；另一部分是被征服者。而究其原因，马克思在《十八世纪外交史内幕》中精辟地指出，斯拉夫人各部落所以屈服于瓦兰吉亚人的统治，"不仅是武力，而且也有彼此间的协议"，之所以如此，是由东斯拉夫人部落所处的"特殊地位"所决定的。因为当时北方有诺曼人的侵略，东方又有游牧民族佩彻涅格人的袭击和劫掠，"他们处于北方和东方的侵略之间，接

---

① 马克思：《十八世纪外交史内幕》，人民出版社1979年版，第66页。
② 同上。

受前者是为了抵御后者"。①

当然,在这里我们不能将马克思所说的"特殊地位"表面化,还应深究产生这种特殊地位的原因。那就是马克思又进一步指出:"把北方其他野蛮人吸引到西方罗马去的那种神奇的魅力,也把瓦兰吉亚人吸引到东罗马去。"② 可以说,一切都源自对财富的追逐。当时,由于东斯拉夫人居住的区域内河流纵横,人们沿水道进行的贸易交换活动非常活跃,拜占庭帝国和东方伊斯兰世界的商人频繁地出现在这一区域内。③ 而周边游牧民族的不断侵袭,为贸易活动的正常进行造成了巨大的威胁。商业城市设防即发生在这一时期,后来在10—11世纪,各城市还出现军事行政设置。④ 新的危险引起城市对武装力量的需求。一股由土著和外来人组成的武装力量逐渐集中于城市之中,渡海而来的瓦兰吉亚人是这股力量中的外来人。

可以说,是当时东斯拉夫人出于保卫自身和保护对外通商的共同需要,才促使他们从属于留里克王朝及其亲兵的统治。无疑,保卫国境和保护对外通商成了古罗斯王公们的职责。据《始初编年史》⑤ 记载,公元11世纪中叶以前古罗斯外交史中最重大的事件是基辅王公向帝都(君士坦丁堡)的几次武装进攻。如果公元988年弗拉基米尔进攻拜占庭的移民区塔夫利亚的克尔松这次不算在内,那么在雅罗斯拉夫逝世之前一共进攻了六次,分别在860年、907年、941年、944年、971年和1043年。究其进攻的原因,大多是因为古罗斯国家想维持或

---

① 朱寰:《论古代罗斯国家的起源——马克思〈十八世纪外交史内幕〉第五章读后》,《社会科学战线》1979年第1期,第178页。

② 马克思:《十八世纪外交史内幕》,人民出版社1979年版,第66页。

③ 戴尔·布朗:《北欧海盗——来自北方的入侵者》,金冰译,华夏出版社、广西人民出版社2002年版,第57—89页。

④ В. О. 克柳切夫斯基:《俄国各阶层史》,徐昌翰译,商务印书馆1990年版,第30页。

⑤ 《始初编年史》是俄罗斯古代编年史汇集,集中了有关俄罗斯9—11世纪,以及12世纪初的历史记载。起初被称为《涅斯托尔编年史》。主要包括《往年纪事》《弗拉基米尔时代罗斯受基督教洗礼的传说》和《基辅佩切尔斯基寺院编年史》。转引自瓦·奥·克柳切夫斯基《俄国史教程》第1卷,张草纫等译,商务印书馆1992年版,第79页。

恢复中断了与拜占庭的通商关系。① 可见，商业在古罗斯国家社会生活中占有极其重要的地位。而维护商业所带来的共同经济利益则成为留里克王公亲兵队存在的决定条件。

（三）留里克王公亲兵队的构成

王公们不惜发动战争来维持贸易活动的正常运行，而同时在商业城市中则出现了武装起来的商人阶级。② 古罗斯王公们的亲兵队正是在这种特殊社会环境中形成。更有学者认为，这些亲兵及其他们的王公都出身大城市的武装商人阶级。③ 因为，当时古罗斯国家主要从事商业活动的阶级是政府、王公及其亲兵，即大贵族。每年夏季，王公们的亲兵队都要作为商船队的护送队，去拜占庭的君士坦丁堡。可以说，到 11 世纪，大公及其亲兵与商人阶级无论在政治上或经济上其特点都没有显著的区别。王公的亲兵构成军人阶级；而且商业大城市也是按军队方式组织的，建立了完整的、有组织的团队，称作"千人队"，千人队又分成百人队和十人队。城市选出一人指挥千人队，后来由王公任命千夫长；百人队和十人队也各选出百夫长和十夫长。选出来的这些各级指挥官构成城市及其所属商区的军事管理机构，军事行政长官，他们在《始初编年史》中被称为"城市长官"。

而就亲兵队的构成来说，亲兵按其年龄、资历、贡献和职务划分为"资深亲兵"和"年轻亲兵"。"资深亲兵"指那些资历深、功劳显著的亲兵，他们通常是由"年轻亲兵"晋升上来的，有不少在其主人的父辈时曾立过汗马功劳。这部分亲兵是亲兵中的上层，构成了卫队的核心。由于他们经验丰富、足智多谋，因此深得主人的器重与厚爱。平时，他们聚集在大公或封邑大公左右，充当他们的顾问，帮助

---

① 瓦·奥·克柳切夫斯基：《俄国史教程》第 1 卷，张草纫等译，商务印书馆 1992 年版，第 153 页。

② В. О. 克柳切夫斯基：《俄国各阶层史》，徐昌翰译，商务印书馆 1990 年版，第 29—30 页。

③ 瓦·奥·克柳切夫斯基：《俄国史教程》第 1 卷，张草纫等译，商务印书馆 1992 年版，第 161 页。

他们制定重大决策，或被委任为宫廷总管、行政长官和千夫长等要职；战时，他们被委任为军事统帅和指挥官。从10世纪开始，最有势力的亲兵已经取得某种经济和政治的独立地位。他们因为服务而得到了土地，并终生享有特惠权。后来，他们所占有的土地逐渐转化为世袭领地，于是他们开始脱离王公而固着于土地之上，成为地方封建领主。"年轻亲兵"是指那些普通的、低级的亲兵，史书上常以其职务称呼他们，如"侍卫""随从""十夫长""持剑武士"等，他们是亲兵队的基本力量。随着上层亲兵向"波雅尔军事贵族"转化，"年轻亲兵"在国家政治生活中的地位越来越高，逐渐上升为宫廷成员，成为大公的封邑王公和行政官员。弗谢沃洛德和斯维雅托波尔克在执政时，皆采取依靠和重用"年轻亲兵"的政策，从而引起了上层亲兵的不满。亲兵制从11世纪开始走向衰落，至12世纪时基本解体，但其残余一直保存到16世纪。①

（四）留里克王公与亲兵的联盟

古罗斯王公亲兵队的特征，是在与王公密切联系的基础上体现出来的。《往年纪事》②中记载，奥列格在基辅就任大公后，规定诺夫哥罗德每年缴纳300格里夫纳③的贡赋，供给瓦良格人（瓦兰吉亚人），以便维护社会安定。这笔贡赋是给瓦良格人的款，一直缴纳到雅罗斯拉夫逝世（1054年）。④前文曾提到，此时充当王公亲兵队的仍然是瓦兰吉亚人。

同时，古罗斯国家的所有大小管理职能都是由大公和亲兵们一起来完成的，大公与亲兵们的联合管理被社会所承认，并成为一种成规，

---

① 王松亭：《基辅罗斯政治制度考略》，《社会科学战线》1994年第3期，第179页。
② 《往年纪事》成书于12世纪初，作者涅斯托尔是基辅洞穴修道院的修道士。该书是俄国第一部完整的编年体通史。它按年代顺序记述了东斯拉夫人和古罗斯国家的历史，上溯传说时代和斯拉夫人起源时期，下迄1110年。
③ 古代罗斯作为货币使用的银锭。最初，它的重量规定为1俄磅（409.54克），后来改为半俄磅（204.77克）。转引自王钺《往年纪事译注》，甘肃民族出版社1994年版，第54页注释9。
④ 王钺：《往年纪事译注》，甘肃民族出版社1994年版，第53页。

来确保古罗斯国家社会政治生活的正常进行。大公常常通过举行宴会来加强亲兵内部的团结，以提高自己的威信。996年瓦西列夫举行宗教仪式的时候，"所有城市的元老"也跟大贵族和地方行政长官一起应邀出席了王公的宴会。遵照弗拉基米尔的吩咐，规定大贵族、宫廷仆从、百夫长、十夫长和一切有名的武士都出席他在基辅举行的礼拜日宴会。① 当时，宴会成为一项重要的国家事件，并具有一定的普遍性。大公常常在宴会上与亲兵们讨论国家大事，解决纠纷，委任职务等。在壮士歌②和编年史书中对宴会活动有过大量的描述。③ 可以说，王公与亲兵最初的关系是紧密的，不可分割的。

王公与亲兵关系密切的另一表现是，王公通过让自己的亲兵参加"显贵会议"，来加强自己在会议中的影响力，以实现自己的目的。基辅罗斯时期，统治阶级的重大决策机构是以几种会议形式出现的。史料中提到的一种会议称作"显贵会议"（совет）。据苏联历史学家考察，这种形式的会议源于封建时期东斯拉夫人的部落显贵会议（сдумаща）。而"显贵会议"是在部落显贵会议的基础上建立起来的，因为在东斯拉夫社会的"军事民主制"时期，存在着三级组织结构：部落—部落联盟—超级部落联盟（部落联盟之间的联盟），所以"显贵会议"应该是部落联盟或超级联盟的决策机构。据《往年纪事》记载，斯拉夫人、楚德人、克里维奇人等北方各部落讨论邀请瓦兰吉亚人时，就曾召集过此类显贵会议。基辅罗斯建国后，这一古老的政治制度得以延续下来。因为基辅大公最初只是作为联盟的一方，因此时常召集这类会议。④ 斯维亚托斯拉夫·伊戈列维奇在其统治时期，就召集过这种会议，称为"高贵者会议"。弗拉基米尔为作出某些重大决策，也曾召集过此类会议。史料有如下记载："弗拉基米尔重视

---

① 瓦·奥·克柳切夫斯基：《俄国史教程》第1卷，张草纫等译，商务印书馆1992年版，第162页。

② 壮士歌是10世纪初出现的一种新史诗体裁的歌谣，是一种民间口头创作。

③ В. Г. Игнатов. История Государственного Управления России, http://www.vusnet.ru/forum/.

④ 王松亭：《基辅罗斯政治制度考略》，《社会科学战线》1994年第3期，第180页。

亲兵，同他们一道决定有关土地制度、军队和国家规章等问题。"弗拉基米尔于996年战胜佩彻涅格人后，"召集了自己的波雅尔、行政长官、各城的显贵和许多人"参加会议，以解决某些重大问题。① 上层亲兵在会议中起到了举足轻重的作用，所以历史学家又将此种会议称作"亲兵会议"。但并非所有亲兵都有权参加，有资格与会的只是少数势力强大的亲兵。此种会议的规模和与会者的人数不是固定不变的，而是取决于事情的性质和当时形势的需要，如事关重大，则氏族部落长老（старец）也常常被召集出席。后来，这种会议又陆续吸收了个别上层神职人员、大波雅尔贵族和廷臣命官参加。会议涉及的内容相当广泛，诸如制定法律、对外政策（战争与和平）、政教关系、行政与财政管理、重要职务任免、王公权位的继承、军事力量的组织和配备等。从上述情况来分析，显贵会议应是当时国家的最高咨询机构和权力机关。但应该指出，它还不是脱离王公而独立存在的常设机构，会议的召开是不定期的，地点也不固定，或在王宫，或在修道院，有时甚至在帐篷里和马背上。这种会议的典型特征是，王公的权力和上层封建集团的权力相互影响，相互渗透、相互融合、相辅相成，同时发挥作用：一方面，王公企图通过这种会议贯彻自己的意图；另一方面，上层封建主也企图通过这种会议独立发挥作用，这是封建社会初期阶段必然出现的现象。伴随着亲兵制的逐渐瓦解，波雅尔贵族的迅速崛起，以及封建割据的加强，这种会议的职能逐渐转变给王公大会，但不是说这种性质的会议很快被废止了，实际上，它在各个封邑公国仍存留很久。②

（五）留里克王公亲兵的分化

据史书记载，波雅尔最早来源于氏族部落的显贵、公社的长老和城堡的头人，后来王公的亲兵也因得到了赏赐的土地逐渐演变为波雅尔。所以在史书上，"波雅尔""亲兵"等术语往往混同使用。波雅尔

---

① 涅斯托尔：《往年纪事》1954年第1卷，第74—75页。
② 王松亭：《基辅罗斯政治制度考略》，《社会科学战线》1994年第3期，第180页。

是大土地占有者，拥有世袭领地。他们是统治阶级的主体，是封建主阶级中最有特权的阶层，享有广泛的政治权利。他们不仅经常参加国家管理，而且可以派出代表参加国际谈判。944年，古罗斯派到拜占庭参加谈判的代表团成员中就有22名波雅尔的代表参加。编年史写道："罗斯大公及其波雅尔派船队到希腊去，到希腊皇帝那里去。"①在基辅罗斯建国最初一个多世纪，波雅尔的势力还不够强大，还需要大公政权的保护，所以他们与政权的关系较为密切，成为政权的支柱和帮凶，为基辅罗斯的统一事业和社会发展起过进步作用。古罗斯进入封建割据时期后，波雅尔军事贵族无论在经济上还是在政治上都已经形成了一支独立的势力，于是他们站在分裂割据的立场上竭力干预各封邑公国的政治生活，力图以自己的力量控制政权。在诺夫哥罗德，大波雅尔建立了自己的共和国，把王公降低到被雇用的地位，随意取舍。基辅的波雅尔从1097年起干预王公事务，1113年他们选择了摩诺玛赫为基辅大公，1146年又推选了其孙子依兹雅斯拉夫·姆斯季斯拉维奇为自己的代言人。1146—1154年的8年，基辅的波雅尔有7次按自己心愿选择了王公，有两次赶跑了于己不利的王公，有3次限制了王公的意愿。② 所以，由卫队上层形成的波雅尔军事贵族，有机会参与到古罗斯的政治生活中来，去左右时局的发展。

另外，由资深亲兵产生的波雅尔军事贵族，通过"王公会议"与王公们分庭抗礼。大约从11世纪中叶起，即雅罗斯拉夫逝世后出现了另一种形式的会议，称作"王公大会"（снем）。在"王公会议"上主要解决权力和土地的分配、选举或驱逐王公、缔结同盟、制裁毁约的王公、宣战与媾和、颁布新法典、保护商路、迎击外族入侵等问题。1097年召开的留别奇大会就是一例，当时会议的议程主要是为了解决如何"预防内讧"的问题，但是没能提出有效地制止内讧的法律依据。就会议的规模而言，可以说是大小不一。有的具有全罗斯的性质，基辅国家境内的所有王公或大多数王公都出席会议，类似的会议通常

---

① Б. Д. 格列科夫：《基辅罗斯》，苏联科学院出版社1953年版，第297页。
② 王松亭：《基辅罗斯政治制度考略》，《社会科学战线》1994年第3期，第179页。

是由基辅大公召集的。但随着封建割据势力的加强，中央与地方以及地方与地方之间的联系削弱，全罗斯的王公大会逐渐减少，由地方王公召集的、有部分王公参加的会议逐渐增多。这种类型的会议通常由几个公国联合召开，或在一个王国内由不同封建集团联名召开。12世纪时，在弗拉基米尔—苏兹达尔地区就曾多次召集过这种会议。当时，王公大会的议题有时关于军事，有时关于外交谈判，因此应该被看作上层权力机构。这种会议形式虽然也是根据需要召开，具有不定期的特征，但是已经开始向经常性和固定化的会议形式转变。王公大会的出现，表明封邑王公和地方波雅尔势力的增长。封邑王公可利用这种会议与基辅大公分庭抗礼，而地方波雅尔也可通过这种会议控制和约束封邑王公，同时各封建集团也可以通过这种会议缓解各种矛盾。所以，王公大会是适应当时社会发展需要的历史产物。[①]

综上所述，我们可以看出随着王公地位不断巩固，以及上层亲兵地位的不断提升，王公与亲兵之间的密切关系随之松动，尤其是王公与那些已经成为军事波雅尔贵族的资深亲兵的关系最终走向了分离。究其原因应是多方面的，从亲兵一方来看，古罗斯王公们实行的统治政策却助长了资深亲兵势力的膨胀。亲兵干预政治的过程，同时也就是卫队阶层由依附的势力转变为官僚阶层，并最终演变为军事官僚阶级的过程，亲兵干预政治的过程，同时也就是卫队由统治阶级的工具转变为相对对立的政治力量，并最终演变为独立的领导力量的过程；而从王公一方来看，正如马克思在《十八世纪外交史内幕》一书中曾形象地写道："渴望休息的首领们被亲兵队所迫而不得不继续前进，在俄罗斯，正像在法兰西的诺曼底一样，出现了这样的时刻，这时首领们把他们那些无法驾驭和贪婪成性的战友们派出进行新的掠夺性的征伐，唯一的目的只在于摆脱他们。"[②]

一直潜心研究"苏联民族历史古代文献"的俄罗斯著名学者E. A. 梅利尼科娃曾指出：古罗斯国家的政体形式是属于"卫队国家"

[①] 王松亭：《基辅罗斯政治制度考略》，《社会科学战线》1994年第3期，第180—181页。
[②] 马克思：《十八世纪外交史内幕》，人民出版社1979年版，第66页。

类型，包含着君主制（大公）、寡头政治（资深亲兵、波雅尔）和民主制（维切会议）三种不同的发展趋势，并且这三种趋势都没能在基辅罗斯时期得到完整地体现。① 最终，"这个由留里克王公们堆砌起来的不协调的、庞大的、早熟的帝国，也像其他发展类似的帝国一样，分裂为许多封土，在征服者的后裔之间一再进行分割，被封建战争弄得分崩离析，被外族的干涉弄得支离破碎。大公的至高权威在七十个同族王公的角逐中消失了"②。

四 谢多夫与罗斯汗国问题

B. B. 谢多夫－瓦连京·瓦西里耶维奇·谢多夫（1924年11月21日—2004年10月4日），俄罗斯著名学者，生前曾是俄罗斯科学院考古所部门主任、院士，每个对中世纪考古和历史感性兴趣的俄罗斯人都有可能知道他的名字。B. B. 谢多夫被认为是斯拉夫民族文化历史现代思想的创始人，是研究东欧中世纪考古活动的著名学者。在俄罗斯考古学界中的一些人看来，很少能有像 B. B. 谢多夫这样的考古学家，可以在那些由欧洲不同地域（从维斯拉河中下游和多瑙河中下游到极圈内的乌拉尔）发掘的史前和中世纪的考古资料中轻松地找到所需要的；很少能有人像他一样具备创造某种综合研究方法的能力，在那些纷繁复杂的考古学资料之间寻找内在的深层联系，将诸多地理位置和所处时代都相距遥远的资料联系起来，创建出整体的历史—文化全景。

B. B. 谢多夫的研究兴趣非常广泛，他研究的主要命题是，斯拉夫人的族源和民族历史，以及在中世纪欧洲民族形成前从印欧语民族环境中分离出来的因素等，他最后几年中写的大部分书籍都是与这些问题有关，应该强调的是，B. B. 谢多夫对中世纪考古的其他领域也做出了巨大的贡献。

---

① 转引自 В. Г. Игнатов. История государственного управления России, http://www.vusnet.ru/forum/。

② 马克思：《十八世纪外交史内幕》，人民出版社1979年版，第67页。

可以肯定地说，B. B. 谢多夫的研究工作为人们认识中世纪东欧地区的历史提供了必要的参照，同时也为我们进一步研究某些问题提供了一些线索。将 B. B. 谢多夫在有关罗斯汗国问题上的一些认识和依据展现出来，能够为我们更准确地认识该问题提供一些必要的借鉴。

在 B. B. 谢多夫看来，有关罗斯汗国的问题是有一些历史根据的，并由此对该问题的真实性进行了一定的论证。笔者将其论证该问题的具体论据总结为以下几个方面，以便对该问题进行进一步思考和研究。

（一）B. B. 谢多夫对"罗斯汗国"问题的论证

1. 关于"罗斯汗国"最初时期的历史

B. B. 谢多夫就这一时期历史的论证，主要利用国外史料加以佐证，进行推理而得出的方法。

（1）就"罗斯"称谓的产生而言：B. B. 谢多夫认为，罗斯民族的名称起源于斯拉夫—伊朗的共生时期。他认同 O. H. 特鲁巴切夫在其语言学著作中指出的观点，即在黑海沿岸地区印阿利安人成分与伊朗民族要素同时存在了很长时间，并由此得出罗斯民族名称的伊朗起源说或印阿利安起源说。罗斯像其他斯拉夫部落名称（塞尔维亚人、克罗地亚人、安迪人等）一样，是非斯拉夫民族名称斯拉夫化的结果。他或是源于伊朗语的 *rauka - *ruk - "свет，белый，блестеть"（осетин，ruxs/roxs "светлый"，персид. ruxs "сияние"），也或是源于地方印阿利安语的 *ruksa，*ru（s）sa "светлый，белый"，由此形成的黑海北岸的同根地名词汇。在 B. B. 谢多夫看来，解决了"罗斯"称谓的本土产生说，就为进一步阐述罗斯汗国的产生提供了必要的前提条件。

（2）就"罗斯汗国"的最早记载而言：B. B. 谢多夫认为，鲁斯捷二世在其 10 世纪初写的著作中，曾提到了 9 世纪中期（霍尔达德别赫二世和阿尔—贾伊哈尼时期）的历史，称罗斯人"有王，罗斯人称王为'哈坎'（хакан——汗）"。以及《玛季玛拉特－塔瓦里赫》的作者提到了罗斯人统治者的尊号（罗斯人的国王叫做罗斯人的"哈坎")。В.В. 谢多夫认为，关于在9世纪时罗斯人存在早期国家组织——汗国的说法，在9世纪西欧的史料中有提到，之后的韦尔京编年史也有类似的说法。由此他解释说，"汗"的称谓是罗斯人从外族那里借用来的。

（3）就"罗斯汗国"的地理位置而言：В.В. 谢多夫认同雷巴科夫的说法。在谢多夫看来，Б.А. 雷巴科夫运用了更早时期（6—7世纪）的考古资料，由此得出了罗斯部落生活在第聂伯河中游地区的说法，并成为9世纪存在罗斯汗国说法的最初提出者。

2. 关于"罗斯汗国"发展的历史

В.В. 谢多夫就这一时期的历史的论证，主要利用考古学资料加以佐证，进行推理得出的方法。

（1）就"罗斯汗国"的强大而言：其一，В.В. 谢多夫指出，8—9世纪在东欧南部的历史中存在着可萨汗国。这是个足够强大的构成体，一些黑海和里海沿岸草原上的好战游牧部落都臣服于它。根据拜占庭文献可以判断，9世纪30年代，在可萨汗国附近出现了一个同伴。可萨汗国无法抵抗这个"好战"邻居的突袭，被迫派使团出使拜占庭请求帮助。随后拜占庭派出了两队考察团。一队是从君士坦丁堡出发的豪华船队，其中大概是彼得罗纳和他的随从及卫队们；另一队是从帕夫拉戈尼亚——拜占庭的军区（位于黑海南岸）出发的舰队，他们多半可能是军事顾问和建造者，是去可萨汗国建筑防御工事的。在此，В.В. 谢多夫利用了相关的考古资料发现，指出在可萨汗国西北防线上发现很多巨大的堡垒，通过建筑工艺判断，这些大型堡垒的工艺确实是属于拜占庭的军事工艺技术。由此，В.В. 谢多夫认为，这些大型堡垒就是为了防御上述提到的那个"好战"邻居——罗斯汗国的。

其二，В.В. 谢多夫在承认"罗斯"就是指由波利安人、塞维里安人、维亚迪奇人和顿河斯拉夫人联合起来组成的统一的早期国家组织的观点后，将国外记载的有关"罗斯人"的信息都归于"罗斯汗国"。《阿马斯特里达城的乔治十字勋章传记》中记述了关于"野蛮、残酷的罗斯人"对阿马斯特里达城的攻击。以及拜占庭史料记载的，有关860年罗斯人组织了数百艘战船对君士坦丁堡的侵袭，等等。В. В. 谢多夫认为，这些事件是罗斯汗国尝试与拜占庭建立联系失败后的报复。

（2）就罗斯汗国的经济发展而言：В. В. 谢多夫认为，9世纪的古钱币学资料对于研究罗斯汗国有着重要意义，古代阿拉伯钱币的分布表明，在东欧他们之间交往的最初时期即在830年前，找到的绝大多数钱币都分布在罗斯汗国境内。在东欧东方钱币交往的第二阶段中（从公元830年到公元9世纪末）也发现了类似的情况，从而，在公元9世纪时的东欧平原南部，东方钱币的推广在与东欧国家的贸易活动中发挥着重要的作用，而这里东欧国家指的不是可萨汗国，而是罗斯汗国。

在В. В. 谢多夫看来，在东欧遗迹中发现的9世纪30年代左右的迪拉姆（中世纪阿拉伯的银币），是按照罗斯汗国的钱币重量制度模压而成的。这些模压钱币的单位重量为68.22克，相当于25个非洲模压的迪拉姆，同时等于当时的25份抵罪金（高加索地区的）。同时指出，古罗斯时期的钱币重量制度是在公元9世纪时形成的，因为随后在东欧广泛传播的是亚洲模压的迪拉姆，单位重量在2.85克左右。由此，В. В. 谢多夫认为，古罗斯钱币重量制度应该形成于以第聂伯—顿河河间地为基础的早期国家组织——罗斯汗国时期，因为大部分的非洲模压迪拉姆都集中在这个地域内。

（3）就罗斯汗国的都城而言：至于罗斯汗国的都城在哪里，暂时还无法确定。在В. В. 谢多夫看来，不排除在这个早期国家组织中没有都城的可能，他认为，罗斯汗国很可能与早期法兰克国家一样，也不存在都城，那些统治者们的官邸分布在他的领地中。同时他指出，如果罗斯汗国有统一的行政中心，那么有可能在基辅。因为，分布在旧基辅山地的一些较早期的城市中都发现了8—9世纪的文化沉积层，并且，8—9世纪的一些物品在杰京克山地、基谢列夫卡山地、谢科维茨山地，以及波多利地区都曾被发现。

В. В. 谢多夫认为，9世纪，基辅是个具有贸易—手工业特征的大居民点。根据年鉴记载，882年占领这个城市时，奥列格将自己打扮成商人混入城中，并以此计占领了该城。显然，基辅在公元9世纪后半期，已经成了大的贸易中心，外地商人在此留宿是平常现象。9世纪从第聂伯河中下游通往巴瓦利亚的商路上，基辅城发挥着重要的作用。在罗斯汗国的领地内没有发现其他类似的中心。

3. 关于"罗斯汗国"最后的历史

关于罗斯汗国的最后历史时期并没有找到相应的文字记载。在В. В. 谢多夫看来，不排除奥列格占领基辅后，将第聂伯河中游地区与东斯拉夫人北部地区联合成一个统一的国家领地，终结了罗斯汗国的可能。同时认为，罗斯汗国也有可能在奥列格占领前就被可萨汗国的军事突袭瓦解了。因为，当时拜占庭积极的支持可萨汗国对抗罗斯人。公元860年，罗斯人袭击君士坦丁堡，迫使拜占庭帝国加强了外交活动，很快派使团出使可萨汗国。

同时，В. В. 谢多夫有指出，根据罗斯年鉴的记载，在基辅罗斯形成前波利安人、塞维里安人和维亚迪奇人都向可萨汗国纳贡，在公元885年，记载了可萨汗国向拉基米奇人征收贡赋的事情。他认为，很难解释清楚当时建立的这些贡赋关系是怎样一种关系状态；公元9世纪60—70年代，在可萨人突袭罗斯汗国——由波利安人、塞维里安人、维亚迪奇人和顿河斯拉夫人的土地联合起来组成的统一的早期国家组织的情况下，罗斯汗国就不存在了。此后，只有波利安人保持了自身的政治独立，以基辅为中心形成了自己的部落公爵领地，不久这一部落中的权力被阿斯科尔德和季尔夺取。

（二）由上述论证所引发的思考

关于"汗"的称谓，应属于游牧部落的称呼，В. В. 谢多夫所指出的构成罗斯汗国的部落——波利安人、塞维里安人、维亚迪奇人和顿河斯拉夫人，当时已经具有鲜明的农业性，В. В. 谢多夫本人就曾对上述部落的人群做了细致的论证，认为他们的经济文化都属于农业类型。为什么农业部落会借用游牧部落的称呼？我们都知道，早在这个所谓的"罗斯汗国"出现之前，拜占庭帝国和阿拉伯世界都曾不断地向该地区派出大量的传教者，其中拜占庭帝国的传教者基里尔和美弗迪兄弟为便于传教，还创造了斯拉夫字母（基里尔字母）。可以说，拜占庭帝国和阿拉伯世界对该地区的文化影响应远远超过某一个游牧部落的文化影响。因此，"借用"之说有些不可信。

B. B. 谢多夫引用拜占庭文献史料，说在9世纪30年代可萨汗国附近出现了一个同伴。可萨汗国的统治不能顶住这个"好战"邻居的突袭，被迫派使团出使拜占庭请求帮助。由此B. B. 谢多夫推断这个"好战"邻居就是"罗斯汗国"的结论有些武断。主要理由是：一方面，这个由农业部落组成的早期国家组织如果非常好战，为什么没有在史料中找到某些具体侵袭的例证，反而，考古学根据考古文化特征证明上述各部落都曾因游牧部落侵袭而移居；另一方面，拜占庭史料说这个邻居非常"好战"，这个结论有可能是通过两个途径得出的：其一，拜占庭帝国对这个邻居比较了解。对照拜占庭帝国的历史，在这个邻居出现前后拜占庭帝国并没有与"罗斯汗国"所处的地区发生过什么大的战事，当时拜占庭帝国正联合"可萨汗国"对抗阿拉伯世界。由此，笔者认为这个"好战"邻居更有可能是在更早的时期与拜占庭帝国有过接触。如果是这样，那么最有可能是曾长期对抗拜占庭帝国的保加尔人。而且，"罗斯汗国"出现的时期，在"可萨汗国"的西部边界上正好存在着一支保加尔人，即伏尔加—保加尔人。伏尔加—保加尔人属于突厥语族游牧部落，生活在伏尔加河中游、卡马河流域一带，蒙古西征时称他们为不里阿耳，后被成吉思汗的孙子拔都征服。其二，拜占庭帝国对这个邻居根本不了解，只是听"可萨汗国"使者的一面之词。那么这个"好战"邻居是否存在也就不可信了。一些研究"可萨汗国"的学者表明，当时拜占庭帝国与可萨汗国通过姻亲的方式加强着彼此的联系，共同对抗着阿拉伯世界。当时，第一个可萨人"都城"巴伦加尔，建在捷列克河南部支流苏拉克河河源处。阿拉伯人在722—723年摧毁它后，王室驻地迁往阿拉伯人称呼为拜达（意为白城）的城市，当时可萨人的汗——马迦特汗企图将该城名改为沙里格沙尔（即突厥语黄城），或者像米诺尔斯基认为的那样，改为沙利格·欣（即沙克新）。而这座城的位置在伏尔加河口上的伊提尔都城的所在地上。这个伊提尔城只是可萨可汗们的冬驻地。在夏季，他们像其祖先匈奴人一样在草原上游牧。833年，由于希望有一个不十分暴露给其他游牧（《往年纪事》记载为佩切涅格人等）部落的大本营，他们请求拜占庭皇帝狄奥菲勒斯派工程人员帮助他们建造设防的都城。狄奥菲勒斯派总工程师帕特罗纳斯帮助他们建起了第三个都城沙克尔，它可能位于顿河入海处，或者更有可能是在顿河大拐弯处。可萨人在克里米亚对面、塔曼半岛的原法纳戈里亚的废墟上又建起了马他喀贸易据点。如果是这样，那么B. B.谢多夫的结论就显得有些武断。

B. B.谢多夫运用古代阿拉伯钱币的分布来证明罗斯汗国的做法有些牵强。主要理由是：一方面，中世纪北欧海盗时代的历史表明，按照北欧文字石上的记载，维京人之所以从事海上冒险，是由于财富和荣誉的诱惑，尤其是为了获取他们极为缺乏的白银。9世纪之前，阿拉伯哈里发地区的白银开始出现在波罗的海以东地区。当时，大批穆斯林商人携带阿拉伯银币来到顿河和伏尔加河一带，这对北欧人来说是一个极大的诱惑。由此，北欧商人带着皮货、蜂蜡和琥珀等来到这一带换取阿拉伯银币和东方商品，然后再带着财物原路返回。一些北欧海盗历史的研究者认为，当时坐落在瑞典比约克岛的比尔卡城正是在这种外部环境下产生的，当北欧商人带着从东方换回的财物回到这里时，那些财物得到了再次的分配，无论是通过强力形式，还是通过交换形式。考古学家们在该城的遗迹中发现了大量的阿拉伯银币，以及刻着阿拉伯字母的水晶戒指等，这些都在不同程度上证明了北欧与东方阿拉伯世界的往来。而关于伏尔加河一带的相应情况，《海盗时代——来自北方的入侵者》一书的作者美国的戴尔·布朗认为，当时北欧人到了伏尔加河一带的保尔加城（笔者认为是翻译者的误译）后，大部分人还要经伏尔加河向南，穿过大草原到达犹太裔的哈萨兹人（笔者认为是"可萨人"）聚居地，他们向商人们征税，并允许他们进入当地的市场，商人们卖出毛皮和宝剑再买回精心磨制的哈萨（笔者认为是"可萨"）长矛和其他商品。这里需要特别指出的是，戴尔·布朗认为，"保尔加城"是伏尔加河地区的商业中心，当时控制着伏尔加河中游，以勇敢著称的斯拉夫部落曾在此建都。笔者认为，此处应是翻译者的失误，不是文中所译的"保尔加人"和"保尔加城"，而应该是"伏尔加—保加尔人"和"保加尔城"。如果是这样，戴尔·布朗的观点则再次证实了笔者关于"罗斯汗国"实际是"伏尔加—保加尔人"的猜测。同样可以对这一观点进行佐证的还有新近出版的英国人马丁·吉尔伯特著的《俄国历史地图》一书，他在880—1054年的基辅罗斯地图中鲜明地标出了"伏尔加—保加尔人"和"保加尔城"的位置，这无疑对笔者提出的观点提供了佐证。

另一方面，《草原帝国》一书的作者法国的勒内·格鲁塞认为，当时的可萨人是文明程度非常高的民族，尽管可萨人从未采取过定居或农耕的生活方式，然而，他们已经建立起一个有秩序的国家，他们因贸易而致富，由于与拜占庭和阿拉伯世界的接触，他们具有相当高的文化。可萨帝国是一个繁荣的贸易中心。拜占庭、阿拉伯和犹太商人们成群结队地到伊提尔城和沙克尔城收购从北方来的毛皮。另外，前文提到的坐落在瑞典比约克岛的比尔卡城，这座9世纪建立的城堡，到970年左右突然衰落。研究者们认为，很有可能是由于阿拉伯白银进入瑞典的通道被切断所致。而根据史料记载，基辅的罗斯王公斯维雅托斯拉夫于965年进攻可萨人，占领了他们建在顿河河曲上的沙克尔都城。此次攻击后，可萨汗国仅保住了伏尔加河下游地区、库班河地区和达吉斯坦草原。由此证实，原有的北欧与东方的贸易通道确实遭到破坏。如是，这与B. B. 谢多夫对可萨汗国的相关表述则大相径庭。

当然，关于"罗斯汗国"的问题，由于资料的极度缺乏，学界对该问题的研究一直以来存在着分歧，这段历史究竟是怎样的，我们现阶段还很难作出更为准确的回答。对于该问题，我们现在只能运用现有的资料进行推测,然后再通过其他历史事实加以佐证。В. В. 谢多夫对"罗斯汗国"问题的论证代表了一部分人的见解,正所谓"仁者见仁,智者见智",他的论证对我们更好地认识和研究该问题还是非常有益的。

古罗斯民族的构成

一 古罗斯民族含义的界定

有关古罗斯民族的含义有很多种，但大体上趋于一致。有俄罗斯百科全书之称的《从古至今的祖国历史》一书中，将古罗斯民族的内涵定为："是在古罗斯国家时期在东斯拉夫部落联盟的基础上形成的，是俄罗斯民族、乌克兰民族、白俄罗斯民族的基础。"

古罗斯民族问题的研究涉及俄罗斯中世纪早期的历史，但由于当时俄国保存下来的有关该时期的历史文献资料极其缺乏，因此对于该问题的研究一直很薄弱，直到19世纪前半期才得到俄罗斯学术界的广泛关注。只是，当时的研究主要体现在语言学领域中，这是由以下两个因素所决定的：一是资料的缺乏，研究者只能利用仅有的、零散的文献资料做语言学方面的判断；二是在众多学者看来，语言是民族的重要特征，可以作为民族识别的一个重要标志。如果能够证实存在民族固有的独立语言，那么一定程度上就可以证明该民族的独立存在。后来，随着考古学领域在该问题上的不断突破，学者们开始用考古学的诸多发现来试图解释古罗斯民族的产生过程，从而实现证明该民族独立存在的目的。可以说，就该问题的研究一直处于不断深化认识的过程中。综观两个多世纪以来，国外（主要是俄罗斯）对该问题的研究状况，大致可以分为以下三个不同的时期，每个时期都有着各自不同的贡献。

(一) 证明古罗斯民族的同一性

从19世纪前半期至20世纪初期，绝大多数的研究成果都承认在基辅罗斯时期存在着民族语言的同一性。与此同时，他们都指出，古罗斯语是俄罗斯语、白俄罗斯语和乌克兰语的共同基础。这一时期主要的代表人物有А. Х. 沃斯托科夫、И. И. 斯列兹涅夫斯基、А. И. 索博列夫斯基和А. А. 沙赫马托夫等人。

在俄罗斯学者中率先尝试证明古罗斯民族同一性问题的是А. Х. 沃斯托科夫。他在揭示了古罗斯口语（方言）中的一些特征的基础上，认为古罗斯语言是从共同斯拉夫语中分离出来的，并具体指出12—13世纪在个别的斯拉夫语言中产生了分化。他认为，在基里尔和美弗迪时代，[①] 所有的斯拉夫人的相互交流还相对容易，他们都使用共同斯拉夫语。[②]

后来И. И. 斯列兹涅夫斯基更加具体地研究了这一问题，认为共同斯拉夫语（古斯拉夫语）首先分成了两个分支：西和东南，而后经过某个时期分化成了古罗斯和南斯拉夫语。研究者认为古罗斯语出现于9—10世纪。这一时期对于古罗斯语来说是一个非常稳定的发展时期。11—14世纪表现在古罗斯语中的方言的特点，符合И. И. 斯列兹涅夫斯基的科学研究，而15世纪在此基础上形成了大俄罗斯（分为北大俄罗斯和南大俄罗斯，后还包括白俄罗斯次方言）和小俄罗斯（乌克兰）方言。[③]

在对这一时期的古罗斯民族语言同一性的历史—方言学的研究中，

[①] 王钺：《往年纪事译注》，甘肃民族出版社1994年版，第60页注释4。美弗迪（美多迪）和基里尔（君士坦丁）兄弟9世纪时创造的斯拉夫文字，被称作古教堂斯拉夫语，目前，残存下来的使用这种文字抄写的经典有10世纪末—12世纪初的古文书。

[②] Востоков А. Х. Рассуждение о Славянском Языке. *Труды Общества Любителей Российской словесности*. Вып. XVII. М., 1820. сс. 5 – 61; *Филологические Наблюдения А. Х. Востокова*. СПб, 1865, сс. 2-15.

[③] Срезневский И. И. *Мысли об Истории Русского Языка*. СПб, 1850, сс. 17 – 20.

А. И. 索博列夫斯基的研究工作有着重要的意义。[①] 他在分析了 11—14 世纪古罗斯文字记载的基础上，区别并标识了古罗斯语言中诺夫哥罗德、普斯科夫、斯摩棱斯科—波洛茨克、基辅和沃伦斯基—加利奇方言的特点。他认为，古罗斯语言的方言划分符合上个时代的东斯拉夫人的部落划分。

随后，А. А. 沙赫马托夫第一个严肃的以历史—语言学来理解东斯拉夫民族语言同一性的起源、形成过程、发展、方言的构成和古罗斯语言分化的意义。[②] 他认为，罗斯人产生的第一阶段（研究者将其命名为东斯拉夫人），即从斯拉夫人的东南分支中分离出来的时期，并注明该过程是在 5—6 世纪完成的。同时，他指出东斯拉夫族形成的"第一发祥地"是在普鲁特河下游和第聂伯河之间的河间地。此时这些斯拉夫人就是 6—7 世纪历史文献中提到的安迪人，是东斯拉夫人的基础。6 世纪，他们为了躲避阿瓦尔人的侵袭，大部分的安迪人迁移到沃伦和第聂伯河中游，А. А. 沙赫马托夫将这一地区称为"罗斯部落的摇篮"，他认为此时的东方斯拉夫人在这里形成了"一个民族整体"。9—10 世纪，东斯拉夫族开始广泛地向这一区域之外的地方迁徙，占据了从黑海到伊尔门和从卡尔巴特到顿河的广大区域。

9—13 世纪这一时期，按照 А. А. 沙赫马托夫的观点，是东斯拉夫人历史的第二个阶段，即人们所称的古罗斯时期。他认为，在东斯拉夫人迁徙的基础上，这一时期分化出了三大方言——北罗斯、东罗斯（或中罗斯）和南罗斯。北罗斯——这一部分东斯拉夫人向第聂伯河上游和西德维纳河，伊尔门和楚德湖地区推进，甚至到了伏尔加河与奥卡河的河间地。结果在这里形成了政治联盟，克利维奇人在联盟中占据优势地位，其中还掺杂着一些芬兰语族的部落——默里亚族人、韦斯人、楚德人和穆罗姆人。同时认为，东第聂伯河和顿河流域形成

---

① Соболевский А. И. *Очерки из Истории Русского Языка.* Киев, 1888; Его же. Лекции по Истории Русского Языка. Киев, 1888.

② Шахматов А. А. К Вопросу об Образовании Русских Наречий и Русских Народностей. ЖМНП. СПб., 1899, No. (4).

了东罗斯方言，其中阿坎（аканье）① 最先得到了发展。另外，他还认为乌克兰语及其腔调是复原南罗斯方言的语言学基础，并由此将沃伦人、杜列布人、波利安人、德列夫利安人、底维尔人、乌利奇人归为南罗斯。对于克罗地亚人研究者的观点不明确，他们要么将其归入南罗斯，要么将其排除在东斯拉夫部落之外。②

在 А. А. 沙赫马托夫看来，东斯拉夫人在东欧的广泛迁徙、发展和分化为三个群体的同时，并没有破坏他们同一语言的发展，基辅国家在古罗斯语言的同一发展中起到了决定作用。伴随着基辅国家的产生，形成了"全罗斯生活"，全罗斯语言整体化的进程得到了发展。基辅的主导作用决定了在古罗斯的全部领域内统一全罗斯语言的进程。直到 13 世纪古罗斯语言的同一性开始瓦解。在随后的 100 年中，在古罗斯语的北罗斯、东罗斯和南罗斯方言的基础上，并在它们相互作用的条件下形成了独立的东斯拉夫语——俄罗斯、乌克兰和白俄罗斯语。

А. А. 沙赫马托夫的基本思想极大地促进了随后对古罗斯语言和古罗斯民族的研究。他的思想被一批同时代的大语言学家所接受，其中包括 Д. Н. 乌沙科夫、Е. Ф. 布德杰、Б. М. 利亚普诺夫。③ 在很长一段时间里，А. А. 沙赫马托夫的理论在俄罗斯学者中得到了广泛传播，至今他的某些思想仍具有重要的意义。

（二）否定古罗斯民族的同一性

20 世纪初期，学术界中就该问题提出了另一种观点，就是否定东斯拉夫人即古罗斯民族的同一性。这主要是受到当时俄国国内虚无主

---

① 根据维基百科全书的解释是，"аканье"和"оканье"是不同方言对词汇的不同表述，[а] 和 [о] 是在非重音节上的区别，"аканье"属于南俄罗斯语和白俄罗斯语的方言；"оканье"属于北俄罗斯语方言。此处的意思，笔者认为是指以"аканье"为代表的方言群体得到了最先的发展。

② Шахматов А. А. К Вопросу об Образовании Русских Наречий и Русских Народностей. ЖМНП. СПб., 1899 (4).

③ Ушаков Д. Н. Наречия Русского Языка и Русские Народности. *Русская История в Очерках и Статьях/Под ред. М. В. Довнар-Запольского*. Т. 1. Москва, 1916.

义思潮的影响。实际上,从农奴解放到第一次世界大战期间,俄国社会、政治和哲学思想经历了相当大的变革,带有"白银时代"特征的不确定性和悲观的情绪对社会各界产生了极其深远的影响。这种激进的、虚无的情绪也体现在人们对民族问题的认识上。这一时期主要的代表人物有 М. С. 格鲁舍夫斯基、奥地利斯拉夫学家 С. 斯马利—斯托茨基和 Т. 加尔捷尔,В. Ю. 拉斯托夫斯基和 А. 什柳布斯基、Б. М. 利亚普诺夫等人。

历史学家 М. С. 格鲁舍夫斯基将乌克兰族的产生归于第聂伯河沿岸的安迪人部落联盟,而安迪人在 6 世纪时就被拜占庭的作者们所知晓。① 某些语言学家尝试着否定同一的古罗斯语的存在。如奥地利斯拉夫学家 С. 斯马利—斯托茨基和 Т. 加尔捷尔,根据类似特征的群体的数量确定了语言的同源。他们认为,乌克兰语与塞尔维亚语有 10 种类型的相似,而与大俄罗斯语只有 9 种。因此断定乌克兰人在过去一定与塞尔维亚人有着比大俄罗斯人更紧密的交往,而和其他斯拉夫族相比,大俄罗斯族与乌克兰族并不存在更为亲近的同源关系。最终,研究者们指出不存在任何全罗斯语,乌克兰语直接起源于原始斯拉夫语。② Е. К. 季姆琴科也持有类似的观点。③ С. 斯马利-斯托茨基的思想和论断遭到了来自语言学家们的一致反对和强烈批判。

20 世纪 20 年代,В. Ю. 拉斯托夫斯基和 А. 什柳布斯基鼓吹那个由自俄罗斯人倡导的"克利维奇"理论。基于此理论,白罗斯人成了克利维奇人的直接后裔,似乎形成了独立的斯拉夫民族。证明这一假说的任何实际资料都没能得到研究者们的认可。

此时,对该问题的研究提出相对有益的论点的学者是 Б. М. 利亚

---

① Грушевський М. *Історія Україрни-Руси*. Київ, 1904, сс. 1–211.

② Smal-Stocki St., *Gartner T. Grammatik der ruthenischen (ukrainischen) Sprache*. Wien, 1913; Смаль-Стоцкий Ст. *Розвиток поглядів про сім ю слов янських мов і іх взаемне опорідненне*. Прага, 1927.

③ Тимченко Е. К. *Слов'янська Едність і Становище Украіськой Мови в Слов Янській родині*. Київ, 1924; Его же. *Курс Історії Украінськоі Мови*. Київ, 1927.

普诺夫，时间大致在20世纪30—40年代。① 按照他的观点，统一的斯拉夫语和不知晓的方言是不存在的。并认为，在原始斯拉夫语时代就有了鲜明的方言差别，而共同罗斯（东斯拉夫）语并不是以唯一的原始斯拉夫方言为基础的，她是从很多古原始斯拉夫方言中形成的，而移居在斯拉夫世界东部地区的人们则是那些古原始斯拉夫方言的体现者。Б. М. 利亚普诺夫认为，那些被称为东斯拉夫语音学和形态学的特征，使得共同罗斯语同其他斯拉夫语区别开来，在全罗斯地域内存在着很多方言，并不是像 А. А. 沙赫马托夫和 Т. 莱－斯普拉温斯基所认为的只有两三种。研究者认为在史前时代就有存在波利安人、德列夫利安人、布格（戈）人和其他被年鉴记录下来的东斯拉夫部落构成体的方言的可能。他认为，在罗斯托夫—苏兹达尔地区被一支特别的古罗斯部落占据着，他们的名字直到现在也没有被发现。按照 Б. М. 利亚普诺夫的说法，共同罗斯语在基辅罗斯时代发挥了作用，即在10—12世纪。大约从12世纪起，那些随后组成为俄罗斯语和乌克兰语的特征才开始形成。

（三）反证古罗斯民族的同一性

这一时期的相关研究成果，得益于苏联建立初期组织的大规模考古发掘活动。20世纪50年代，Б. А. 雷巴科夫率先将考古学资料引入到这一问题的研究中。他提出了关于古罗斯民族开始于第聂伯河中游的假说，认为古罗斯民族是形成于6—7世纪的部落联盟。他指出，在第聂伯河中游（从罗斯河和佳斯明河流域到苏拉河右岸及下游地区、佩尔河和沃尔斯克拉河，甚至到特鲁别日河流域的左岸地区，即后来的基辅、切尔尼戈夫斯卡亚和佩列亚斯拉夫领地的部分地区）处于一个斯拉夫部落的统治之下——罗斯人。后来的分布是按照6—7世纪的饰物遗迹来确定的，主要依据那些特殊的金属装饰物。

---

① Ляпунов Б. М. Древнейшие Взаимные Связи Языков Русского и Украинского и Некоторые Выводы о Времени Их Возникновения Как Отдельных Лингвистических Групп. *Русская Историческая Лексикология.* Москва．，1968，сс. 163 - 202.

Б. А. 雷巴科夫认为，在 11—12 世纪的年鉴中，这一区域常常被称为"罗斯土地"（这一术语的狭义）。在公元 1000 年的最后 250 年中，应将东欧的其他斯拉夫部落纳入东斯拉夫族形成的过程中，甚至还应有芬兰部落中被斯拉夫化的那部分。[1] 但是，作为古罗斯民族形成的客观过程该研究者并没有进行研究，并认为在考古学资料的基础上要完成工作是不可能的。同时，他认为以基辅为都城的古罗斯国家时期，是东斯拉夫民族的繁荣时期。尽管产生了很多公爵，但在 12—13 世纪的罗斯封建分裂时代国家保持了统一。这种统一使东斯拉夫人民开始自觉，关于这点的证明在地理解释中就能找到——全罗斯土地（广义）。直到 14 世纪，独立的公爵领地与敌对的大公之间的矛盾开始加剧。

随后，民族学家们在承认俄罗斯、乌克兰、白俄罗斯起源于同一的古罗斯民族的基础上，开始关注俄罗斯、乌克兰、白俄罗斯人民在物质文化和精神文化中，以及日常生活中存在的现实的同一性要素。民族学家们常常将人们的服饰类型相近（男女衬衫、男式长衣、女人的头饰），结婚、庆生和追悼的仪式，在工具和纺纱、织布工艺过程上的相似，农业的仪式和农耕工具的相似，看作三个东斯拉夫民族所特有的共同的东斯拉夫要素。俄罗斯、乌克兰和白俄罗斯人民的民间创作（壮士歌），以及造型艺术——绣品和各种木雕作品，表现出了必然的历史同一性。[2]

最初提出古罗斯民族形成准备条件假说是 П. Н. 特列季亚科夫。按照他的说法，东斯拉夫民族语的同一性是原始斯拉夫人范围内婚配

---

[1] Рыбаков Б. А. К Вопросу Об образовании Древнерусской Народности. Тезисы Докладов и Выступлений Сотрудников Института Истории Материальной Культуры АН СССР, Лодготовленных к Совещанию До Методологии Этногенетических Исследований. М., 1951. сс. 15 - 22; Его же. Проблема Образования Древнерусской Народности. Вопр. истории, 1952. (9). сс. 42 - 51; Его же. Древние русы [G] Сов. Археология. Т. ХⅦ. Москва, 1953, сс. 23 - 104.

[2] Токарев С. А. О Культурной Общности Восточнославянских Народов. Сов. Этнография. 1954 (2). сс. 21-31; Маслова Г. С. Историко-культурные Связи Русских и Украинцев по Данным Народной Одежды. Там же. сс. 42 - 59; Сухобрус Г. С. Основные Черты Общности Русского и Украинского Народнопоэтического Творчества. Там же. сс. 60 - 68.

的结果。而这些原始斯拉夫人是（зарубинецкой）扎鲁比涅茨文化①的体现者，他们在最初的几个世纪里沿着第聂伯河上游居住，并与波罗的海地区的居民融合在一起。研究者认为，第聂伯河上游地区是东斯拉夫人的发祥地。在随后的东斯拉夫人迁徙的条件下，最终形成了《往年记事》中所提到的民族分布情况，从第聂伯河上游向北、东北和南三个方向扩展，特别是在第聂伯河中游的沿河地方，那里绝对不是"纯"斯拉夫人，他的组成中包含了被同化的东波罗的海集团。②这样，П. Н. 特列季亚科夫大体上研究了扎鲁比涅茨的古代时期，得出其时间跨度为公元前2世纪—公元2世纪，主要是在第聂伯河中游和皮亚特河沿岸的森林地带。他还研究了扎鲁比涅茨晚期和后扎鲁比涅茨时代的第聂伯河地区的状况。另外，还有众多的斯拉夫人掌握东欧平原的实际过程。因此在研究者的视野之外还存在着很多复杂的民族起源的情况。

  П. Н. 特列季亚科夫的关于古罗斯民族是在第聂伯河上游，斯拉夫—波罗的海区域内部的相互作用条件下形成的理论，在考古学和语言学资料中都没能找到证据。在东斯拉夫语中并没有发现任何共同的波罗的海语的基础要素。所有东斯拉夫人在语言关系上结合为古罗斯语的时期，也正是其区别于其他斯拉夫民族共同体的时期，我们不能将其看成波罗的海因素作用的结果。③

  近年来，基辅考古学家、历史学家 П. П. 托洛奇科一直关注古罗斯民族问题。④ 他的理论是在诠释了个别地方的文字文物和参看了某

---

 ① 铁器时代的考古文化（公元前3世纪—公元3世纪），主要分布在乌克兰的西部和中部地区，以及白俄罗斯的南部地区，是1899年被乌克兰考古学家 В. В. 赫沃伊科（出生于捷克，从1890年开始主持对基辅和第聂伯河沿岸地区的考古发掘工作）发现的，并以基辅地区的一个同名的村庄命名的。

 ② Третьяков П. Н. Восточные Славяне и Балтийский Субстрат. Сов. Этнография. 1967. No. 4. сс. 110 – 118.

 ③ Седов В. В. Еще Раз о Происхождении Белорусской Народности. Сов. Этнография. 1968, No. (5). сс. 105 – 120.

 ④ Толочко П. П. Древняя Русь: Очерки Социально-политической Истории. Киев, 1987, сс. 180 – 191.

些考古学资料的基础上汇总而来的。他认为，6—8 世纪，东斯拉夫人已经是同一的民族文化群体，由 15 个同源的部落组织构成。9—10 世纪的内部迁徙，促进了东斯拉夫部落的整体化。9 世纪末—10 世纪初，整体化的过程得到了明显的加快，以基辅为中心的古罗斯国家形成，"罗斯"这一民族名称得到了所有东斯拉夫部落的认同。

9—12 世纪，在基辅罗斯国境内存在着统一的东斯拉夫民族同一性，按照 П. П. 托洛奇科的说法，其中心是罗斯或罗斯土地（狭义），或是外国史学家确定的术语——"内罗斯"，即该领地在中世纪时称"小罗斯"。

关于古罗斯语是在原始罗斯方言形成的基础上产生的这一观点，由于在语言学资料中无法找到原始罗斯方言的遗迹，迫使研究者们只能寻找另外解决全东斯拉夫民族语言同一性形成问题的出路。毫无疑问，这一任务将存在于整个 21 世纪。Б. М. 利亚普诺夫对古罗斯语是在某些原始斯拉夫方言群体的基础上产生的观点，进行了更高层次的阐述。他用现代考古学关于斯拉夫人开发东欧平原的证明，来充当这一理论的论据。有关考古学资料中的古罗斯民族形成的问题，在 В. В. 谢多夫的一系列出版物中可以看到，其中说明了，这一民族语统一的过程是，以居住在东欧平原的斯拉夫部落组织的无差异和整体化为条件的，在古罗斯国家疆界内为其形成提供了统一的历史—文化空间。[①] 在当前的一些研究中可以找到类似的说法。

20 世纪 70—80 年代，Г. А. 哈布尔加耶夫就曾持有类似的观点。[②] 他认为，不存在特殊的原始斯拉夫方言或原始罗斯语。东斯拉夫民族语言的同一，是斯拉夫语在东欧以多种语言互通互融的形式广泛普及而形成的。按照 Г. А. 哈布尔加耶夫的说法，在古罗斯国家形成前夕，存在着积极地摧毁旧有的血缘（同源）部落基础的过程。各个斯拉夫部落的政治联合，导致了独特的方言—民族学的东斯拉夫同一性的形

---

① Седов В. В. *Восточные Славяне в VI - XIII вв.* Москва., 1982, сс. 269 - 273; *Его же. Славяне в Раннем Средневековье.* Москва., 1995, сс. 358 - 384.

② Хабургаев Г. А. *Становление Русского Языка.* М., 1980, сс. 7 - 13.

成。研究者深信,在古罗斯疆域内出土的10—12世纪的考古文物,可以证明所有主要的文化—民族学的要素非常的接近,以及居民团结为统一的民族的过程。

1996年8月在诺夫哥罗德召开的第六届国际斯拉夫考古学会议上,考古专家们就古罗斯民族的本质问题进行了讨论。白俄罗斯考古学家 Г. В. 什特霍夫,依据所选取的历史—考古资料,认为古罗斯民族在基辅罗斯时代还没有完全形成,并随着古罗斯国家的分裂而形成若干个公国。研究者没有论及所有的描述东斯拉夫同一性的语言学资料,并在这种情况下得出了,同源的东斯拉夫民族——俄罗斯、乌克兰和白俄罗斯族的产生过程。因此我们应该在不考虑这些有争议概念(即用古罗斯民族)的前提下继续阐述。[①] 而在 Г. В. 什特霍夫看来,这个观点与语言学的成果是不矛盾的。研究者继续提出,古罗斯的斯拉夫居民讲着各种不同的方言。

实际情况就是这样,但我们也不能由此得出,10—12世纪不存在触及整个东斯拉夫分布区的共同的语音学、形态学和词汇学现象。

不久前,乌克兰考古学家 В. Д. 巴兰借用了一个近似的观点。在不长的篇幅中,根据考古学资料,在民族大迁徙时期的斯拉夫人的主要文化贡献上,草率地做出了结论,认为,新民族结构的产生是斯拉夫人的迁徙和斯拉夫人与非斯拉夫居民的相互作用的结果,其中包括三个东斯拉夫民族的产生:俄罗斯族、乌克兰族和白俄罗斯族。留里克王朝统治的基辅国家并没有中断这些民族形成的进程,只是起到了减缓的作用。在 В. Д. 巴兰看来,鞑靼—蒙古毁灭罗斯的时期并不是开端,而是形成三个东斯拉夫民族的完成阶段。[②] 任何用来证明这一观点的考古学资料都是无法找到的。В. Д. 巴兰没有尝试对它做任何有

[①] Штыхов Г. В. Древнерусская народность: реалии и миф. *Этногенез и Этнокультурные Контакты Славян: Труды Ⅵ Международного Конгресса Славянской Археологии.* Т. 3. М., 1997, сс. 376 – 385.

[②] Баран В. Д. Велике Розселення Слов'ян. *Археология.* Киев, 1998(2), сс. 30 – 37.

根据的论证。有事实说，科洛钦文化部落①是5—7世纪的白俄罗斯的祖先，但白俄罗斯民族自身起源的具体进程则并不十分鲜明。要知道，是东斯拉夫居民和波洛茨克地区，以及图罗夫斯克州，构成了后来白俄罗斯民族的主干，在遗传学上怎么也不可能和科洛钦古代的体现者联系在一起。

在古罗斯时期，东斯拉夫人作为一个统一的民族构成体，他的自我意识是我们所研究的问题中的重要因素。最早研究这一题目的是Д. С. 利哈乔夫。② 后来 А. И. 罗戈夫和 Б. Н. 弗洛里亚又将此命题做了有益的划分，他们对中世纪早期斯拉夫人民的自我意识的形成问题，做了专题学术研究。③ 在分析了年鉴、使徒行专和国外证明材料的基础上，研究者们认为，在9世纪已经形成了关于罗斯土地是统一国家的说法，她包括全部东斯拉夫人的领地，以及形成了这个国家的居民是"罗斯人民"的说法，形成了特殊的民族同一性。

上述三个不同的时期，对该问题的研究具有重要的意义，尽管第一时期和第二时期在表面上是相矛盾、相对立的，但实际上它们符合语言和民族之间的逻辑关系。随着世界民族历史的不断发展，民族融合的现象表现在方方面面，语言只是民族的一个重要特征，但不是必要特征，因为作为民族重要特征的语言是指本民族固有的独立语言，而一些民族没有或不再使用本民族固有的独立语言。语言和民族都是一种历史范畴，民族存在的长期性决定了民族语言存在的必要性，然而在一个多民族、多语言的统一国家中，各民族之间的交往需要一种共同使用的统一语言，即族际共同语。族际共同语的形成不仅是交际的需要，也是政治、经济和社会发展的需要。在某种情况下，族际共同语的形成和各民族语言的使用是相辅相成、长期共存、互相丰富和共同发展的关系，而不是以族际共同语去替代各民族的语言。各民族

---

① 中世纪早期的考古文化（5—7世纪），主要分布在戈梅利州（白俄罗斯），布良斯克州（俄罗斯）和库尔斯克州（俄罗斯）地区。与之前提到的扎鲁比涅茨文化有一定的继承关系。

② Лихачев Д. С. *Национальное Самосознание Древней Руси*. М-Л., 1945.

③ А. И. 罗戈夫、Б. Н. 弗洛里亚. *Развитие Этнического Самосознания Славянских Народов в Эпоху Раннего Средневековья*. М., 1982, cc. 96 – 120.

语言的使用是族际共同语存在的基础，族际共同语的使用又是各民族语言使用在功能上的扩展。因此，第一时期与第二时期分别在证明族际共同语与民族固有独立语言方面做出了重大贡献。而第三时期，考古资料的大量应用则从客观上丰富了研究该问题的原始资料，从根本上解决了相关资料缺乏的现实问题。对于我们更为准确地认识古罗斯民族形成问题具有不可替代的作用。

尽管在每个不同的时期，学者们所关注的焦点不同，但对于本研究课题而言都只是从不同的角度在不断地深化认识，对我们全面把握该问题提供了必要的参考和依据。

二 国家—民族的产生

古罗斯国家的建立对于古罗斯民族的形成具有关键性的作用。古罗斯国家作为一个政治地理概念，明确了未来古罗斯民族的具体活动空间，并赋予了古罗斯民族这一历史称谓。古罗斯民族按其形成类型来说，属于国家民族，即由于古罗斯国家的建立，而使其统治范围内的各部落、部落联盟逐渐形成为统一民族。古罗斯国家建立后，作为阶级统治的工具，统治阶级一方面以索贡的形式从经济上统一了所辖范围内各部落、部落联盟对罗斯国家政权应负担的经济义务，确定了统治阶级的剥削形式；另一方面以设立行政长官的形式从政治上统一了所辖范围内各部落、部落联盟在政治上的共同归属，受到同等的保护。同时，由于统治阶级内部采用亲兵制来加强管理，而使统治阶级内部的思想意识比较容易达成一致，而古罗斯国家积极推行信奉统一宗教形式来加强对全国思想意识领域的控制。因而罗斯国以东正教为国教，只在部分群众中仍保留多神教的残余信仰。被统治阶级往往以多神教作为反对剥削和压迫的武器。可以说，古罗斯国家时期，统治阶级与被统治阶级之间在思想意识方面存在不同程度的共同性，并在此基础上形成了古罗斯民族。

（一）古罗斯国家的建立在经济、政治上加强了所辖居民的联系

马克思主义认为，国家是阶级统治的机关，是一个阶级压迫另一个阶级的工具，是建立一种"秩序"，来使这种压迫合法化与固定化，使阶级冲突得到缓和。① 古罗斯国家同样也是阶级统治的工具。外来的征服者瓦兰吉亚人贵族和新兴的东斯拉夫人贵族结合在一起，构成罗斯国家的统治阶级。留里克王朝及其亲兵队，是古罗斯国家决策的统治集团。古代罗斯国家就是从瓦兰吉亚人的留里克王朝开始的，而留里克王朝就是从古拉多加城起家的（前文已有详细论述）。

北京师范大学张建华教授认为留里克以拉多加城作为跳板，于862年夺取了诺夫哥罗德城，并建立了古罗斯国家，而留里克本人则成为王公。897年留里克死后，他的亲随奥列格继位，率兵沿第聂伯河南下征服斯摩棱斯克的克里维奇人，占领了南部重要的中心城市——基辅，并将其作为首都。随后他继续南下，并陆续征服了第聂伯河中游的波利安人、德列夫利安人、拉基米奇人、塞维利安人、德烈戈维奇人，以及北方的非斯拉夫人部落，并向他们征收贡赋。②

在古罗斯国家统治范围内，居民之间的主要联系是通过公国的行政机构及其地方行政长官和贡税来实现的。这个行政机构的首脑就是基辅大公。这个政权的性质及其成因是：出身瓦兰吉亚人的留里克，带着自己的亲兵队来到东欧平原，最初是为保护商业活动的正常进行，而后逐渐掌握了实际权力，建立了自己的统治。

王公行政机关的主要目的是管理居民和收税。奥列格在基辅巩固了自己的政权后，立即规定向所有臣服的部落人群收取贡税。贡税每年征收一次，通常是实物形式，主要是毛皮，包括各种兽皮。而缴纳的方法有两种：一种是各地居民把贡物运送到基辅，向王公缴纳；另一种是王公本人率亲兵队到各地去上门征收，这种方法史称"索贡巡行"。就是指王公带领自己的亲兵队，在秋收以后到所属各部落中去，

---

① 列宁：《国家与革命》，《列宁选集》第3卷，人民出版社1972年版，第176页。
② 张建华：《俄国史》，人民出版社2004年版，第7页。

在那里吃住征收贡物，经过一冬天，贡物征收完毕，春暖河开，贸易季节到来，遂用车马将贡物运到"大水路"边，装上船运到君士坦丁堡去出卖。卖完所有货物，从君士坦丁堡回到基辅来，差不多又到秋收季节，轮到下一年度的"索贡巡行"了。

征收贡物是古罗斯王公统治的体现，而缴纳贡物则是被征服居民对统治阶级的依附形式。应该说，一方面国家采用征收贡赋等经济手段将各所辖地区的居民联系起来，使他们最终服务于统一的经济活动——古罗斯王公将收缴上来的贡赋运往君士坦丁堡进行贸易；另一方面，国家采用任命地方行政长官等政治手段将各个所辖地区的居民联系起来，使他们最终接受古罗斯国家的统治。

公元 1000 年前后，奥列格大公以基辅为中心建立起了一个幅员广阔的国家，其中包括前文中《往年纪事》中提到的绝大多数东斯拉夫人部落，疆界东起喀尔巴阡山，西到布格河和涅曼河流域，北起波罗的海和拉多加湖，南到黑海北岸的第聂伯河河口，面积约 100 万平方公里，人口约 500 万。[①] 值得一提的是，988 年弗拉基米尔大公发布诏令，以行政命令的形式强制古罗斯国家的居民接受东正教，并下令在诺夫哥罗德、切尔尼哥夫、苏兹达里等城市设立主教区，强化对所统治人群的思想禁锢。

雅罗斯拉夫大公统治时期（1019—1054 年）古罗斯国家达到了鼎盛时期，其西部疆土曾达到波罗的海沿岸，并将一部分波兰人、立陶宛人和芬兰人的土地纳入版图。但雅罗斯拉夫大公死后，古罗斯国家陷入封建割据的状态，并由此开始逐渐走向衰落。到 12 世纪，基辅罗斯大公的政权已经名存实亡。

（二）古罗斯国家的建立赋予了古罗斯民族的历史称谓

以基辅为中心的早期封建国家的产生，加速了古罗斯民族的融合。古罗斯国家存在的时期（9 世纪至 12 世纪初），是俄罗斯民族发展的

[①] 张建华：《俄国史》，人民出版社 2004 年版，第 7 页。

新阶段——实现了以古罗斯为主要核心的所有周边的东斯拉夫土地的联合。

人们开始称罗斯民族居住的土地为"罗斯土地""罗斯"。[①] 在这个意义层面上,"Русь""Русская земля"这两个术语在《往年纪事》中被不止一次地提到。例如:914 年,"佩彻涅格人第一次来罗斯土地"[②]。971 年,曾经住在保加利亚,后由于战争决定返回祖国的基辅大公斯维亚托斯拉夫的话:"我将回到罗斯,带来更多的军队。"《往年纪事》中还记载斯维亚托斯拉夫曾和自己的军队商议,说"罗斯土地遥远,我们和佩彻涅格人作战,谁能帮我们?"[③] "罗斯土地由于鲜血而被玷污"——《往年纪事》的作者这样感叹道,并描述了基辅大公弗拉基米尔策划的这场人类的浩劫。[④]

同时,还可以从对罗斯人、罗斯土地,以及与其他国家(波兰、拜占庭、匈牙利)进行着对抗等描述中寻找到其称谓的表现。[⑤]

古罗斯法律文献确定了古罗斯民族的鲜明的区域统一性。10 世纪,古罗斯与拜占庭的协议包含"以所有大会和罗斯土地的、人民的名义"[⑥]。主要的古罗斯司法汇编是《罗斯法典》。

"Русь"这个词根据当时的书信文献判断,已具有罗斯人民的含义。

在列举民族时,《往年纪事》的作者指出:在阿费托沃居住着罗斯人、楚德人,还有其他语言的:默里亚族人、穆罗姆族人、莫尔多瓦人。852 年《往年纪事》记载:"罗斯人来到帝都(君士坦丁堡)。"

[①] М. Н. Тихомиров. Происхождение Названий Русь и Русская Земля. *Советская Этнография. Вып.* VI - VII. М. -Л., 1947, с. 61.

[②] Повесть Временных Лет. М. 2002, сс. 31. 47.

[③] Там же. сс. 51.

[④] Повесть Временных Лет. с. 56.

[⑤] Л. В. Черепнин. Исторические Условия Формирования Русской Народности до Конца X V в. Сб. Вопросы Формирования Русской Народности и Нации. Издательство Академии Наук СССР. М. -Л., 1958, с. 25.

[⑥] Повесть Временных Лет. с. 35.

10世纪基辅大公与拜占庭签订的协议中，提到了罗斯人民和希腊人民。①

当然，书信文献中的"罗斯""罗斯土地"也常常指代古罗斯国家。类似像波兰土地这个词有些时候指波兰国家，保加利亚土地指保加利亚国，希腊土地指拜占庭等。比如《往年纪事》在记载关于雅罗斯拉夫·穆德罗伊时，写道："……是罗斯土地的独裁者。"1089年，《往年纪事》讲述了高尚的弗谢沃洛多公爵统治罗斯土地时期的佩彻尔斯克修道院的神圣教堂。②

古罗斯民族是在为自己的独立而斗争的条件下成长形成的。因此，一系列编年史把"Русь"这个词应用在表现罗斯的战争中，也就不偶然了。"Вои"指击退佩彻涅格人、波洛伏齐人的袭击，等等。这里不仅是大公的军队，还有那些自觉地加入了的民族义勇军。

《往年纪事》中记载了基辅罗斯的早期历史事件，描绘了奥列格、伊格尔等人的远征。其中公爵的军队是主要组成部分，其次还包括一些斯拉夫和非斯拉夫的部落。在奥列格的军队中有很多瓦良格人（瓦兰吉亚人）、楚德人、斯洛维涅人、默里亚族人、克里维奇人。奥列格向希腊远征时，军队中有大量的瓦兰吉亚人、斯洛维涅人，楚德人、默里亚族人、克里维奇人、杰列夫良人、拉基米奇人、波利安人、塞维里安人、谢韦尔人、维亚迪奇人、克罗地亚人、杜列布人、底维尔人，记录得十分详细。伊格尔的军队中汇集了很多瓦兰吉亚人、罗斯人、波利安人、斯洛维涅人、克里维奇人、底维尔人、佩彻涅格人远征希腊。在后来的有关军事事件的记载中，就没有关于部落的资料了，都用"Русь"这个词指代罗斯军队（佩彻涅格人逃窜，罗斯军人追赶，并追上了）。③

与草原游牧民族的战争加速了罗斯民族的形成。Б. А. 雷巴科夫指出，11世纪末在波洛伏齐人不断地袭击罗斯的情况下，自然产生了那个

---

① Повесть Временных Лет. сс. 10, 17, 24.
② Там же. с. 101, 137.
③ Там же. сс. 20 – 85.

在 10 世纪呈现给哈扎尔帝国的有移居倾向的作品——《伊奥锡弗皇帝的答复》。对这个"答复"的记载，尼康在编年史汇编中有著名的陈述，说波利安人将此物代替进贡的剑献给了哈扎尔人（不屈服的象征）。①

罗斯（罗斯民族、罗斯土地、罗斯国家、罗斯战争）在其他欧洲和亚洲国家中享有很高的声望，这种情况揭示了古罗斯民族的形成。

拜占庭的作者很多都写过"罗斯"。例如：10 世纪拜占庭的作者列夫·季亚孔在自己的《历史》中，用大量的篇幅描写罗斯人，特别是他引用了基辅大公斯维亚托斯拉夫在多罗斯托尔城下进行交战前的著名演讲。关于"荣誉伴随着罗斯军队"，关于"罗斯军队是不可战胜的"，关于"罗斯人拯救祖国，永不逃避"，"他们或是以胜利者的身份而活着，或是完成了卓越的成就，带着荣誉而死去"。11—12 世纪的拜占庭收藏者佐纳雷、克德里纳、普谢尔拉和其他人都保存着一些关于罗斯、罗斯民族，以及他们与拜占庭的相互关系的资料。②

罗斯在希腊有很高的声望。在 10 世纪希腊法规中，提到了罗斯的斯拉夫人。10—12 世纪，邻近帕杰鲍尔诺的格利梅尔斯加乌津修道院的教士论文中，将罗斯视为国家，以精巧的搪瓷和乌银制品而闻名。13 世纪一些诗歌中也提到了罗斯和基辅的土地。③

将"Русь"或"Рус"一词作为民族或国家的名称，这在法国中世纪的叙事文学——罗兰德的诗歌中不止一次地出现过。在法国诗歌中提到了罗斯的盔甲、战马、皮囊、丝织物、金、银。罗斯在英国也有声望，在《忏悔者埃杜阿尔德的信诚》中（12 世纪的记事）写道，埃杜阿尔德跑到了"Ругов"国家，就是人们所称的罗斯。④ 在一个关

---

① Б. А. Рыбаков. Русь и Хазария. (К Исторической Географии Хазарии). Сб. *Академику Борису Дмитриевичу Грекову ко Дню Семидесятилетия.* М., 1952, cc. 76 – 88.

② Л. В. Черепнин. Исторические Условия Формирования Русской Народности до Конца X V в. Сб. *Вопросы формирования Русской Народности и Нации. Издательство Академии Наук СССР.* М. -Л, 1958, стр. 27.

③ Там же. с. 28.

④ М. П. Алексеев. Англо-саксонская Параллель к Поучению Владимира Мономаха. Сб. *Труды Отдела Древнерусской Литературы Института Русской Литературы.* вып. 2. 1935, с. 46.

于博沃·科罗列维奇的故事中，在描写英国海港索乌姆赫姆普通时，提到了从罗斯来的运来"大宗"货物的商人。在斯堪的纳维亚的民间史诗中把罗斯称为"Ruzia""Ruzland"，以及加尔达里克（城市国家）。① 在阿拉伯哈里发政体的国家中，对罗斯也有很好的了解。例如：米斯卡韦伊赫二世在讲述了943—944年罗斯军队对别尔达的远征时说："……这个强大的民族，身材魁梧，非常勇敢，他们不知道逃跑，也没有人逃跑，直到战死或胜利。"②

亚美尼亚作者也知道"罗斯民族"或"罗斯"。例如：10世纪的莫伊谢伊·卡甘卡特瓦齐、斯捷潘斯·塔龙斯基·阿索希克（10世纪）、阿里斯塔克斯·拉斯季韦尔茨基。12世纪阿塞拜疆诗人尼扎米，在其所写的诗《Искендер—Намэ》中歌颂了古代罗斯好像在传说的与亚历山大·马克东（多恩）斯基进行交战时所取得的胜利["我错了，这不是两支军队，而是两个热血的海洋——鲁姆（拜占庭帝国，小亚细亚）等等"③]。

9—11世纪，"Русь"、"Русская земля"这两个术语在民族和国家意义上的应用，揭示了古罗斯民族的形成，以及国家在其形成过程中所起的积极作用。随罗斯民族的形成，古老的民族部落的名称逐渐消亡了。如《往年纪事》中记载，波利安人开始被称为罗斯人。④ 随着基辅大公征服了德列夫利安人，德列夫利安土地的称呼也就消亡了。

东斯拉夫各部落之间在日常生活和文化方面的差别，在逐渐地消失。考古发现，罗斯人之间存在差别的服饰、陶器、葬礼仪式等方面都具有相似性。当然，在一些地区的居民那里还保存着一些古斯拉夫部落时期形成的生活习惯，这些差别是在东斯拉夫部落分裂时期产生

---

① Е. А. Рыдзевская. Легенда о Князе Владимире в Саге об Олафе Трюггвасоне. Сб. *Труды Отдела ДревнеРусской Литературы Института Русской Литературы*. Вып. 2, 1935, сс. 7 – 16.

② В. В. Бартольд. *Арабские Известия о Русах. Советское Востоковедение*. 1940（1）. сс. 15 – 50.

③ Л. В. Черепнин. Исторические Условия Формирования Русской Народности до Конца ХV в. Сб. *Вопросы Формирования Русской Народности и Нации. Издательство Академии Наук СССР*. М. -Л., 1958, с. 29.

④ *Повесть Временных Лет* М. М. с. 21.

的，一定程度上揭示了古代部落迁移居住的范围，这些差别在开始产生封建大公领地时还没有彻底消除。① 关于此事的证明，《往年纪事》中有斯拉夫部落迁移的记述，称"他们都有自己的习惯，父辈的规矩，原有的传统和风俗"②。

尽管古老的部落分裂的印记，还有着它自身的生命力。但是，古罗斯国家和国家领土形成并产生了稳定的支配这一领土的古罗斯民族。在 А. Н. 纳索诺夫的《"罗斯土地"和古罗斯国家领土的形成》一书中，提出了9—12世纪国家领土的形成问题，并指出人们对殖民化（移民）③ 在居住点空地和新居民的构成上的意义有些估计不足。在 М. К. 柳巴夫斯基的研究活动中，收集了很多涉及伏尔加河与奥卡河流域居民点的资料。他说，从史前时期开始，民族的自然移动在这发挥了主要作用，很多集市、州、乡、村的产生与民族移民活动密切相关。封建主的组织作用在居民点的形成中出现较晚。④

三 古罗斯民族的族群构成

靠近水源是古人群聚居地的主要自然特征之一。东欧平原河流众多，很多河间地、河岸都十分适宜古人群聚居住。这一点我们可以根据现代考古学的发掘来得到证实。另外，东欧平原从大的地理特点来说，它连接着亚欧大陆，在民族大迁徙时期，这一地区成为亚洲游牧部落进军西欧的走廊。就这一点而言，俄国历史学家瓦·奥·克柳切夫斯基曾说，显然各民族大迁移的条件已经成熟，南俄罗斯成了这些亚洲过客的临时歇息地，他们进入多瑙河下游，或越过喀尔巴阡山脉，

---

① Б. А. Рыбаков. К Вопросу об Образовании Древнерусской Народности. Сб. Тезисы Докладов и Выступлений Сотрудников ИнСтитута Истории Материальной Культуры АН СССР. Подготовленных к Совещанию по Методологии Этногенетических Исследований. М., 1951, с. 21.

② Повесть Временных Лет, с. 14.

③ А. Н. Насонов. Русская Земля и Образование Мерритории Древнерусского Государства. М., 1951, с. 217.

④ М. К. Любавский. Образование Основной Государственной Территории Великорусской Народности. Л, 1929, сс. 12 – 13.

在这片歇息地上准备对欧洲起这样或那样的作用。在数百年的过程中，这些民族一个接一个地占领着南俄罗斯草原，在这里留下无数的古墓，布满了德涅斯特河和库班河之间的辽阔地区。① 这些游牧民族没有给东欧平原的原住民带来先进的文明，他们所带来的只有屠杀和不断地被迫迁居。换句话说，东欧平原上的古人群在外力的作用下实现着不断地迁居和融合。

正像俄国历史学瓦·奥·克柳切夫斯基所说的那样，在这数百年的历史过程中，东斯拉夫民族部落的居民人数甚少，不足以密实而匀称地占据整个平原，然而他们却像飞鸟般从一端迁居到另一端，用这种不断迁居的方式实现着繁衍。每迁居一次，他们就处在新的环境影响之下，处在新地区的自然特点和对外关系影响；每迁居一次，他们都会形成独特的气质和性格。可以说，9世纪，东欧平原上的古人群之间很少存在纵向的联系，即历史的继承关系，更多地存在着横向联系，类似于现在人们说的"你中有我，我中有你"，这是由东斯拉夫族部落上述扩张特点所决定的。因此，通过深入剖析几个有代表性的考古学文化的特征表现，有利于我们从中挖掘出内在的文化联系，尽管在表面上看来它们之间没有什么联系。

中国著名的历史学家白寿彝先生就民族形式的统一问题提出过以下看法，认为，民族形式的统一是一个历史的过程，需要经过三个历史阶段：一是单个民族内部的统一阶段；二是区域性多民族内部的统一阶段；三是全国性多民族内部统一阶段。结合这一认识笔者认为，古罗斯国家建立前，与古罗斯民族形成有关的古代人群应处于区域性多民族内部的统一阶段。5—9世纪在东欧平原上居住着众多东斯拉夫族部落和非斯拉夫族部落，《往年纪事》中记载了12个与古罗斯民族构成群体有关的部落及部落联盟：波利安人、德列夫利安人、德列戈维奇人、拉基米奇人、维亚迪奇人、克里维奇人、斯洛维涅人、杜列布人（沃伦人和布格人）、白霍尔瓦特人、塞维利安人、乌利奇人和

---

① 瓦·奥·克柳切夫斯基：《俄国史教程》第一卷，张草纫等译，商务印书馆1992年版，第100页。

底维尔人。这些古代人群应多为地域性的联盟形式，因此应视为区域性多民族趋向统一阶段。尽管他们结合的形式很不稳定，但是他们已经相互区分开来，有了自己的活动区域和文化特征。笔者将在后面的论述中谈到，随着东欧大水路贸易活动的日趋活跃，上述人群开始被广泛地联系在一起，服务于大水路。以沃尔霍夫河流域为主体的区域性文化统一现象已经形成。

由此，通过我们对上述12个部落及部落联盟文化特征的对比，再结合东斯拉夫人扩展的特点，我们不难得出这样的结论：东斯拉夫人随着不断地移居、迁徙，致使其文化特征与新移居地的文化特征产生了融合的现象。区域性多民族内部的文化特征在横向上有着不同程度的共同点，为之后全国性多民族内部的统一提供可能。

（一）东欧平原的主要自然特征

在开始研究任何一个民族的历史时，我们应该首先掌握这个民族所处的自然条件，因为一个民族所处的自然环境对该民族的起源、发展、消亡有着重要的影响。

1. 地形特点

东斯拉夫人最初生活的主要区域是在东欧平原上，这里的地形特点与亚洲相似，不如欧洲地形变化大，不如欧洲海岸线曲折。更准确地说，东欧平原的地形特点比较单调，绵延数百万平方公里的平原上偶有不多由丘陵和洼地形成的波状起伏。

东欧平原又称"俄罗斯平原"。世界最大平原之一。北起北冰洋，南到黑海、里海之滨，东起乌拉尔山脉，西达波罗的海。面积约为400万平方公里，平均海拔170米。有海拔300—400米的瓦尔代丘陵、中俄罗斯丘陵、伏尔加河沿岸丘陵等，并有低于洋面的里海低地。自北向南有苔原、森林、森林草原和草原带。里海北岸为半荒漠和荒漠。主要河流有伏尔加河、顿河、第聂伯河。平原南部地形较平坦。东欧平原的平均海拔虽然只有170米，但平原上既有许多海拔300米以上的丘陵（如中俄罗斯丘陵、伏尔加丘陵等），也有低于洋面的里海低地。由于地形波浪起伏，面积广大，各地的气候并不相同，动植物分布的差异也很大。从北向南，依次是严寒的苔原带、比较寒冷的森林带、气候适中的森林草原带、最南边的草原带。其中森林带占了平原总面积的一半以上。平原上有伏尔加河、顿河和第聂伯河等著名的大河。

2. 气候特点

地形的单调在很大程度上也决定了一国的气候；空气中的热量和水分的分布，而且部分地决定了风向。从瓦伊加奇海峡（尤戈尔斯基海峡）陆岸的极北点（几乎在北纬70°），直至克里米亚的南端和高加索山脉的北部山麓（将近北纬44°）。按照气候的特点，东欧平原可以分成四个气候带：北极圈之内的北极带；北纬57°—66.5°（接近科斯特罗马城的纬线）之间的北部地带为寒冷地带；包括至北纬50°（哈尔科夫至卡梅一线中部平原的中央地带或温和地带；以及至北纬44°的南部地带、温暖地带或草原地带。可是这些地带气候的差别和西欧相应地区比较起来没那么剧烈，地形的单调使从北部到南部和从西部到东部的气候转变显得比较缓和。气候方面差别不大，温度分布比较均匀。

3. 风向特点

风向对东欧平原的气候有着巨大的影响，它是俄国特有的气候。按经线冬季温度的变化减弱，因为那时东欧平原的北部地带主要是温暖的西风温而南部地带是比较寒冷的东风。这是由于东欧平原上风的分布所造成的。俄国的西风和东风是按季节和纬度而变化的。可以看到，西风主要是在夏季和北部地带，东风主要是在冬季和南部地带，越是向南，这种冬季的东风刮得越厉害。

4. 东欧平原的总体气候特点

东欧地区自然环境具有显著的地带性，自北而南可分为苔原、森林苔原，针阔叶混交林、森林草原、草原、半荒漠与荒漠等自然带。大部分地区地处北温带，气候温和湿润。西部大西洋沿岸夏季凉爽，冬季温和，多雨雾，是典型的海洋性温带阔叶林气候。东部因远离海洋，属大陆性温带阔叶林气候。东欧平原北部属温带针叶林气候。北冰洋沿岸地区冬季严寒，夏季凉爽而短促，属寒带苔原气候。南部地中海海沿岸地区冬暖多雨，夏热干燥，属亚热带地中海式气候。可以说，到了夏季河流的水量都比较丰富，而冬季有些河流则处于冰冻期，如伏尔加河，它发源于东欧平原西部的瓦尔代丘陵中的湖沼间，全长3690公里，最后注入里海，流域面积达138万平方公里。冬季伏尔加河流域寒冷漫长，积雪深厚。河面封冻，上游冰期长达140天，中下游在90—100天。[1]

  古罗斯人生存的环境中，森林密布、河流纵横、草原无垠。因此，森林、河流和草原这三种自然条件对古罗斯人的生活及其性格的形成产生重大影响。

  森林对狩猎业和森林养蜂业意义尤为重大。猎物不仅可以充饥，它们的皮毛还可以御寒。珍贵的毛皮可以作为"货币"换取所需的物品（14世纪前，"кунь"一词用作钞票的意思）。蜂蜜除了可以做甜点和饮料外，用蜂蜡制成的蜡烛为推动宗教活动起到重要作用。瓦·奥·克柳切夫斯基认为："森林对俄罗斯人来说是逃避外敌最可靠的避难所，它代替了群山和城堡。国家创立伊始，周边是草原，因此动荡不稳，国家本身只有在远离基辅的北方由草原森林的庇护才得以巩固。"

  河流对古罗斯人的进化意义重大：河流不仅为两岸的居民提供了丰富的鱼类，而且提供了舟楫之利。纵横交错的大小河流，夏季可以通航，冬季在冰封后，仍可用雪橇运货。河流还使古罗斯人有可能沿它们的两岸移民，拓展活动空间。因此，沿河两岸的城市、村庄等逐一出现。四通八达的河流使不同地区的居民得以交流和亲近。瓦·奥·克柳切夫斯基由此得出：河流与俄罗斯人"生死与共"的结论。河道，尤其是著名的"从瓦兰吉亚人到希腊的水路"，即"瓦希水路"，是"俄罗斯大地"形成的政治、经济和文化核心。

---

[1] 瓦·奥·克柳切夫斯基：《俄国史教程》第一卷，张草纫等译，商务印书馆1992年版，第40—45页。

一望无垠的草原一直是罗斯人的威胁、危险、外族入侵和破坏的根源。瓦·克柳切夫斯基认为，与草原游牧民族从8世纪持续至17世纪末的斗争，是俄罗斯人民最沉痛的回忆。但是，没有黑海沿岸北部地区的草原，也就没有俄罗斯畜牧业的形成和发展。

（二）5—9世纪东欧平原上的主要部落、部落联盟

俄国历史学瓦·奥·克柳切夫斯基认为，在7世纪东斯拉夫人已经散居到东欧平原。这种散居可以认为是俄国历史开端的一个事实。[①]那么，了解东欧平原上同时期存在的古人群，有助于我们进一步了解东斯拉夫人扩展的历史过程。应该说，5世纪，东欧平原上的原住民按民族可划分为两大部分：斯拉夫民族和非斯拉夫民族。这两大民族群体中包含着数十个大小不一的民族部落或部落联盟，这些部落或部落联盟的消亡过程都与东斯拉夫人不断繁衍、扩展有关。

东斯拉夫人的科学内涵应为斯拉夫人在东斯拉夫语基础上体现出的语言文化同一体。关于东斯拉夫人早期历史的记录、叙述很少，原因之一是缺少文献记载（格拉哥里字母是在863年左右基里尔为斯拉夫语专门创造的）；另一个原因是他们距离当时欧洲、亚洲文化中心非常远，拜占庭和东方文献对东斯拉夫人的早期历史只有零散的记载。加之，11世纪之前的历史文献保存下来的非常少，而且多数没能得到学术界的承认，因此当前可以采用的学术界认可的文献材料极其缺乏。当前被学术界认可的主要文献材料是以年鉴汇编形式出现的《往年纪事》一书，其中囊括了11世纪，以及12世纪的部分年鉴内容，至今没有发现比它更早的、更有价值的年鉴。

关于古罗斯民族的族群构成问题，《往年纪事》中有所涉及，其中列举了12个与古罗斯民族族群构成有关的斯拉夫部落及部落联盟，都是在9世纪之前存在于波罗的海和黑海之间广阔区域内的古人群。这些部落及部落联盟有波利安人、德列夫利安人、德列戈维奇人、拉

[①] 瓦·奥·克柳切夫斯基：《俄国史教程》第一卷，张草纫等译，商务印书馆1992年版，第106页。

基米奇人、维亚迪奇人、克里维奇人、斯洛维涅人、杜列布人（沃伦人和布格人）、白霍尔瓦特人、塞维利安人、乌利奇人和底维尔人。这12个部落及部落联盟究竟与古罗斯民族形成问题有着怎样的联系？现代考古学为我们揭晓了这一问题的答案。

我们来进一步了解一下这12个部落及部落联盟的具体分布和文化特征，从中我们不难看出他们之间的内在文化联系。①

其一是塞维利安人（север、северяне），是当时存在的一支东斯拉夫部落联盟，8—9世纪，他们居住在切尔尼戈夫、苏姆斯科和库尔斯克地区，相对应的考古文化是罗姆—博尔舍沃文化。②

关于塞维利安人称谓的产生至今仍没有得出更为确切的回答，但大多数学者将它的称谓与匈奴人联系起来。而В. В. 谢多夫提出了西徐亚—萨尔马特产生说，他认为该称谓产生于伊朗语词汇"черный"（黑的），并用塞维利安人的城市——切尔尼戈夫（чернигов）加以证实。还有一种说法认为该称谓出自古罗斯语，意为"同源"。甚至还有人认为是指斯拉夫人的北方，这种说法遭到了更大的质疑，因为在那个区域内没有比斯拉夫人更北的人群了。可见，关于该称谓的产生说还存在着很大的分歧。

就当时塞维利安人所处的地理位置而言，其东部是维亚迪奇人所居住地，北部是拉基米奇人居住地，西部是德列夫利安人和波利安人，南部没有固定的疆界，也没有常住居民。塞维利安人在某一时期势力范围曾达到北顿涅茨河流域。

塞维利安人作为政治统一的部落联合体，其存在时间从8世纪一

---

① 参见马丁·吉尔伯特《俄国历史地图》，王玉菡译，中国青年出版社2009年版，第12页。

② 罗姆—博尔舍沃文化是8—10世纪斯拉夫居民的考古文化（今利佩茨克、沃罗涅日、库尔斯克和别尔哥罗德地区），名称是根据罗姆内城（乌克兰苏姆斯克州）和俄联邦沃罗涅日州的博尔舍沃村得来的。该文化的载体有东南方向的维亚迪奇人和西北方向的萨尔托沃—马亚茨克文化的人。而萨尔托沃—马亚茨克文化是俄罗斯南部和乌克兰南部铁器时代的考古文化，属于8世纪中叶至10世纪初，当时可萨汗国统治着该地区。该文化名称是根据两个大的古遗址分别距离北顿涅茨河左岸的上萨尔托沃村（1900年发掘，属于哈尔科夫卡州）和马亚茨克城（季哈亚索斯纳河与顿河的汇合处，1906年发掘，属于沃罗涅日州）很近而得来的。

直持续到 11 世纪。8—9 世纪，他们被迫向可萨人缴纳贡赋，随后（882 年）被奥列格征服，成为基辅罗斯的主要部落群体之一。

根据现代考古发掘的发现，在上述塞维利安人曾居住的地区内发现了大量 8—9 世纪的村落遗址，这些村落遗址建有牢固的（用栅栏、壕沟、土堤构成）城墙防线，沿普肖尔河（第聂伯河的左侧支流）和谢伊姆河（杰斯纳河左侧支流）防御游牧人，保护着斯拉夫人的土地。

塞维利安人居住的房屋属于半地下结构（地窖子），地下深 0.5—1.6 米，有土砌的梯阶，用坚固的木材搭建，一个角落里有炉灶，室内的地上铺着坚实的黏土或木板。他们主要从事农业、畜牧业和各种手工业。丧葬的宗教仪式属于火葬，并埋在土墓穴中。

其二是维亚迪奇人（вятичи），是当时存在的另一支东斯拉夫部落联盟，8—12 世纪，他们居住在奥卡河上游和中游地区（今莫斯科、卡卢加、奥廖尔、梁赞、图拉和利佩茨克州），相对应的考古文化是罗姆—博尔舍沃文化。

维亚迪奇人的产生符合《往年纪事》中的记载，维亚迪奇人和拉基米奇人是利亚克（波兰人的旧称）的两个分支，维亚迪奇人即西斯拉夫人。维亚迪奇人的称谓是由其同源部落的名称而得来的。Вятко 是斯拉夫名称 вячеслав 的缩写。"两个利亚克兄弟——拉基米奇人，而另一个是维亚迪奇人"，"而维亚迪奇人与自己的同源群体生活在奥卡河沿岸，由此他们得到了自己的称谓——维亚迪奇人"。可供选择的还有另外一种假设，认为其产生与印欧语词根 ven-t（мокрый，влажный）有关，根据考古学的数据显示，维亚迪奇人发源于第聂伯河左岸地区。[①]

9—10 世纪，维亚迪奇人被迫向可萨人缴纳贡赋，他们在没有公爵的条件下生活着，社会制度的特点是自治和人民权利。他们所处的城市现在还不得而知，考古发掘找到的大量钱币遗迹证明，当时部落

---

① В. В. Седов. Волынцевская Культура: Славяне на Юго-востоке Русской Ровнины. *Научно-Производительное Благотворительное Общество Фонд Археологии*, 1995, с. 416.

上层参与了国际贸易活动，在 964 年和 966 年斯维雅托斯拉夫大公的远征，维亚迪奇人成为最后一个被征服的向可萨人缴纳贡赋的族群，臣服于基辅罗斯（后来，斯维雅托斯拉夫的儿子——弗拉基米尔，重新与维亚迪奇人开战，并在 981 年使其缴纳贡赋，他们起义，后又在 982 年再次遭到镇压，直到 11 世纪末，他们仍然保持着一定的政治独立性，当时常常提及对抗维亚迪奇大公的远征）。历史年鉴中最后一次提到维亚迪奇人是在 1197 年，随后他们的土地成了切尔尼戈夫、罗斯托夫—苏兹达尔和梁赞大公们的领地。

最早居住在奥卡河上游的斯拉夫居民是 3—4 世纪形成的莫辛文化①的代表者。他们的，如房屋、建筑、宗教仪式、陶器器皿、饰物等，特别是镶嵌着彩色搪瓷，都体现了波罗的海语居民的特点。陶器近似罗姆文化的特点——塑造器皿（瓦罐、钵、煎锅），它们大部分没有图案装饰，只有少部分有图案装饰，类似于罗姆文化。从 8 世纪开始，斯拉夫居民成为奥卡河上游地区的居民，莫辛文化被罗姆—博尔舍沃文化所取代。对此，人们认为斯拉夫的文化特点也体现在房屋建筑和陶器中。应该说，在这种情况下，波罗的海语居民没有离开他们居住的地方，而是与后来的斯拉夫人进行了文化融合，这样，关于莫辛文化对斯拉夫人的影响，是保存了将死者葬在土墓穴的传统，而对于斯拉夫人而言，他们没有这样的传统，他们的习惯是葬在环形墓地中，葬于土墓穴中的斯拉夫文化特点存在于 8—10 世纪的奥卡河上游地区。

居民点的主要形式是村庄，占地 2.5—6 公顷。从奥卡河上游直到乌格拉河（在斯摩棱斯克和卡卢加州境内），地域内的居民在 11—12

---

① 莫辛文化是铁器时代的考古文化，存在于 4—7 世纪的卡卢加、奥廖尔和图拉州，莫辛文化的代表者常被与年鉴中的波罗的海纳奈人（波罗的海语部落，根据俄文献记载，11—12 世纪居住在普罗特瓦河上游，处于维亚迪奇人与克里维奇人之间的地带）等同起来，并认为他们是尤霍诺夫文化的分支，他们组成了地方民族的基础，确立了维亚迪奇人的特点。莫辛文化的代表者生活在坚固的城镇中，而死而火葬埋在土墓穴中，该文化的名称是根据遗址城市在卡卢加州莫萨利斯克区的莫辛纳村附近而得来的。在古老的莫辛文化层中保存着各种表面带光泽的塑造黏土器皿和青铜饰物。

世纪完成了同化的过程。到 11—12 世纪，上述区域内的土墓穴已经完全是维亚迪奇人的特点，死者的头向西，与波罗的海人相区别（头向东），而且斯拉夫人的墓穴群比波罗的海人的规模大（一个墓穴群可以达到几百个墓穴）。

维亚迪奇人沿奥卡河谷向东北迁移，随后（9 世纪至 10 世纪初）出现在莫斯科地区，后来人们在莫斯科州的谢尔普霍夫区、卡希拉区和奥金佐沃区都发现了带有塑造陶器的村落遗址。应该说，普遍斯拉夫化没有影响到纳拉河（奥卡河左侧支流，长 158 公里，流域面积 2030 平方公里）和普罗特瓦河（奥卡河左侧支流）地区，这里一直保持着维亚迪奇人的自身文化特点，11—12 世纪的绝大多数斯拉夫人的墓穴中，死者都带有维亚迪奇人典型的七叶片形鬓发环，在莫斯科地区发现得最多。

根据考古遗迹的分布来看，11—12 世纪很可能是维亚迪奇人的大规模迁移时期，它的西南边境沿奥卡河与杰斯纳河的分水岭逐步展开，在杰斯纳河及其支流的上游，甚至在奥卡河、日兹德拉河和乌格拉河流域地区，都发现了葬在墓穴中的维亚迪奇人的七叶片形鬓发环。

其三是波利安人（поляне），斯拉夫人的部落名称，在东斯拉夫人迁移时期居住在第聂伯河中游的右岸地区。

根据年鉴记载和最新的考古发掘显示，波利安人在基督教时代前的领地仅限在第聂伯河、罗斯河①和伊尔佩尼河②地区，他们的西部邻近德列夫利安人居住区，西北部邻近德列戈维奇人，西南部邻近底维尔人，南部邻近乌利奇人。

根据有关波利安人的文献记载证实，波利安人很早就同其他民族

---

① 乌克兰境内的河流，第聂伯河的右侧支流，长 346 公里，流域面积 12575 平方公里，平均河宽为 50 米左右。按照一些历史学者的观点，"罗斯"称谓的出现与罗斯河有关，但这一假设没有得到进一步的科学证实，除此之外，该河在很长一段时期内成为一种特殊的屏障，在这个屏障的南部汇集着东斯拉夫人，另一边则是游牧部落——突厥人的发源地，在基辅罗斯时期，该地区是"黑衣修士"的聚居区，即那些接受基督教思想的突厥部落。

② 乌克兰境内的河流，第聂伯河右侧支流，长 162 公里，流经伊尔佩尼城，该河周围地区是基辅罗斯的心脏地区，年鉴中曾多次提及与这条河流有关的历史事件。

展开了贸易往来。П. 托洛奇科院士认为，波利安人在 8 世纪时就与东方展开了贸易。但历史学家 Э. 缪列认为，考古发掘出的钱币应不早于 10 世纪，即在基辅建立瓦兰吉亚人政权之后。В. Л. 亚宁的古钱币研究进一步证实了 Э. 缪列的观点。

8 世纪中叶左右，波利安人向可萨人纳贡，由于其在文化和经济方面的优势，波利安人在 9 世纪末已经影响到德烈夫利安人、德烈戈维奇人、塞维利安人等。882 年，奥列格在波利安人的土地上建立了留里克统治的新都城——基辅。944 年，年鉴在伊戈尔对希腊人的远征中最后一次提到波利安人的称谓。

其四是德列夫利安人（древляне），是生活在乌克兰森林地带的斯拉夫人部落（在基辅地区的西部，以农耕的形式存在着）。他们从东面控制着流经第聂伯河，从北面控制着普里比亚季河①，与德列戈维奇人聚居区相邻。946 年奥丽加将其置于基辅罗斯的统治之下。

根据年鉴记载，德列夫利安人一直屈从于自己的近邻——波利安人，后来奥列格将其臣服于基辅，并向他们征收贡赋。这些臣服于奥列格的德列夫利安人部落参加了他对希腊的远征。但是，他们经受不住无休止的战争，在奥列格死后他们开始争取自由，然而被伊戈尔镇压后，开始征收重税。

945 年，伊戈尔大公在试图向德列夫利安人再次征收赋税的过程中被杀。随后，奥丽加向德列夫利安人发动战争，将其彻底征服。

根据考古发掘证实，9—11 世纪，在德列夫利安人居住的普里皮亚季多林低地发现了各种各样的土葬和火葬坟墓。可以说，当时的丧葬仪式是比较复杂多样的。这在某种程度上证实了民族的融合过程。而后，土葬占据绝对优势，之前在墓穴中找到的塑造陶器也逐渐被陶器作坊生产的陶器所取代。德列夫利安人物质文化的特征是环状的头圈。

其五是德列戈维奇人（дреговичи），是一支东斯拉夫人的部落联

---

① 流经白俄罗斯和乌克兰境内的河流，是第聂伯河的右支流。全长 775 公里，流域面积 11.43 万平方公里。

盟，9—12世纪生活在今白俄罗斯东南部的戈梅利地区、西南部的布列斯特地区以及中部的明斯科地区。在德列戈维奇人的东面聚居着拉吉米奇人，东北面聚居着克里维奇人，南面聚居着德列夫利安人，西北面聚居着亚特维亚格人①和立陶宛人。据民族学家推测，他们的称谓来自古罗斯语的 дрегва 或 дрягва，意为沼泽。就其历史而言，民族学家认为他们属于今白俄罗斯地区居民，发源于今白俄罗斯南部地区，后迁徙到北部的涅曼河②。在10世纪时臣服于基辅罗斯。但由于其所处的地理位置远离当时重要的贸易水路（瓦希大水路），因此在古罗斯国家的历史中没有发挥较为明显的作用。

通过对德列戈维奇人聚居地区在9—10世纪的考古文化层的发掘表明：他们具有农耕部落的特征，采用火葬的宗教仪式，城镇的规模不大。其典型的民族文化特征表现为大的金属项链，项链一般用红铜制成，而项链的装饰则是银制的。

其六是拉基米奇人（радимичи），传统认为他们是9—12世纪又一支斯拉夫人部落。根据《往年纪事》的记载，拉基米奇人源于良霍人③，他们移居到这里，向基辅罗斯缴纳贡赋至今。④ 他们生活在第聂伯河上游和杰斯纳河之间的河间地区，以及索日河⑤及其支流地区。有史料证明，885—1169年拉基米奇人生活在上述地区，而在公元12世纪属于切尔尼哥夫公国和斯摩棱斯克公国的领地。

《往年纪事》记载拉基米奇人在索日河流域得到了自己现有的称谓。885年，奥列格确立了对拉基米奇人的统治，并向其征收贡赋，此前他们向可萨人纳贡。907年，奥列格将拉基米奇人列入拜占庭的远征军中。10世纪70年代初，拉基米奇人曾一度摆脱基辅大公政权

---

① 属于印欧语系波罗的海语族部落，没有文字，民族特征接近于普鲁士人和立陶宛人。
② 该河流经白俄罗斯、立陶宛和俄联邦的加里宁格勒州，全长937公里，流域面积9.82万平方公里。
③ 古波兰人的称谓，"良霍"一词源于"良达"。古普鲁士语和哥特语的"良达"意为"灌木丛生的低洼地""开垦的草地"和"谷地"。这表明良霍人从事狩猎和畜牧业。
④ Повесть Временных Лет. М., 2002, с. 5.
⑤ 欧洲河流，流经俄罗斯、白俄罗斯，以及乌克兰部分边境地区，发源于斯摩棱斯克城东北地区，第聂伯河的左岸支流，全长648公里，流域面积4.21万平方公里。

的统治,但到984年,弗拉基米尔大公又一次征服了拉基米奇人。年鉴中最后一次提到拉基米奇人是在1169年。

由于有关拉基米奇人的文字记载十分缺乏,因此更多认识只能来自考古学家对早期拉基米奇人的古墓穴的研究中。19世纪,很多人参与了拉基米奇人古墓穴研究中来,如 А. С. 乌瓦罗夫①、Е. Р. 罗曼诺夫②、Д. Я. 萨莫克瓦索夫③、В. И. 西佐夫④等人。也正是在19世纪,研究者们在索日河沿岸发现了7个弓形集中排列的鬓发环,并认为这是拉基米奇人的主要文化特征。另外,在11—12世纪拉基米奇人的墓穴中发现了大量带有波罗的海地区文化元素的饰品,由此认为当时拉基米奇人已经或多或少地受到了外界的影响。⑤

其七是克里维奇人(кривичи),是一支东斯拉夫部落群体,8—12世纪生活在现今的维捷布斯克(白俄罗斯)、莫吉廖夫(白俄罗斯)、普斯科夫(俄罗斯)、布良斯克(俄罗斯),以及斯摩棱斯克等地区。克里维奇人是在斯拉夫人与当地的波罗的海语族居民融合的基础上形成的,所体现的考古文化特征属于图舍姆林斯克文化。⑥

当时,北部的克里维奇人是创建诺夫哥罗德罗斯的主体之一。而西部的克里维奇人建造了波洛茨克、伊兹博尔斯克和斯摩棱斯克(格涅兹多沃),使其成为奥列格大公统治下的古罗斯国家的组成部分。基辅罗斯建立后,克里维奇人积极地参与到对东部土地的开拓之中(如今的特维尔、弗拉基米尔、梁赞、雅罗斯拉夫等地),与当地的居

---

① 乌瓦罗夫(1825—1884),俄国考古学家,主要成果有:1848年用俄文和法文出版了《俄国南部和黑海沿岸古代研究》;1851年参与了对古苏兹达尔大公领地的考古发掘,发现了750多处古墓,并在此基础上撰写了研究报告;等等。
② 罗曼诺夫(1855—1922),俄国民族学家、考古学家、政论家,主要成果:1886—1894年间领导了对莫吉廖夫省和维捷布斯克省的考古发掘工作,并绘制了上述省份的考古地图。等等。
③ 萨莫克瓦索夫(1843—1911),俄国考古学家、法律史学家、档案学家。
④ 西佐夫(1840—1904),俄国考古学家。1877年起成为莫斯科考古协会成员。
⑤ В. В. Седов. Восточные славяне в VI VI—X III вв. М., 1982, сс. 150–156.
⑥ 4—6世纪东波罗的海铁器时代的文化,主要分布在今白俄罗斯的中部和北部,以及俄罗斯的斯摩棱斯克州。20世纪50年代由 П. Н. 特列季亚科夫发现,60年代由 А. Г. 米特罗法诺夫得出上述分布的结论。

民进行了融合。有学者们认为，克里维奇人一直为古罗斯国家的征伐做着贡献。拜占庭皇帝康斯坦丁七世（905—959 年）曾说，克里维奇人为罗斯人建造了船，使他们可以侵犯君士坦丁堡。

关于克里维奇人的文化特征，最具代表性的是长形古墓。这种长形古墓一般有很矮的地基，长 5 米，宽 6—7 米，高 0.8 米。古墓周围防护很细致，四周很平，拐角处是圆形。墓葬仪式是采用火葬的仪式，将焚烧的尸体埋在长形墓穴中。

一般认为，克里维奇人最后一位部落公爵罗格沃洛德及其儿子们在 980 年被诺夫哥罗德大公弗拉基米尔·斯维亚托斯拉维奇所杀害。在《伊巴特编年史》中最后一次提到克里维奇人是在 1128 年。

其八是斯洛维涅人（словене），是一支东斯拉夫部落，公元 5 世纪后生活在伊尔门湖流域和莫洛加河①上游地区，成为诺夫哥罗德地区的主要居民。他们所体现出的文化特征近似于"山冈文化"②，根据俄罗斯公布的 2005—2008 年的考古发掘资料显示，该文化在 5—7 世纪分布于伊尔门湖流域。

按照考古学家 B. B. 谢多夫的观点，斯洛维涅人的生活在 7—8 世纪发生了重大的变化。他认为，由于气候转暖，上述地区适宜农耕，因此斯洛维涅人比克里维奇人更早地来到这里。同时，他进一步指出，在伊尔门湖南部地区和洛瓦季河③流域，斯洛维涅人与克里维奇人实现了同化。根据考古学家们发现的上岗墓地的分布判断，斯洛维涅人的文化传统在这一地区占有优势。

关于斯洛维涅人的历史，有文字记载他们在公元 700 年左右来到拉多加湖附近，760 年侵占了拉多加城。780—830 年参与了国际贸易活动（主要是卖毛皮），该活动依据考古学家们在其土地上发现的阿

---

① 伏尔加河的左侧支流，流入雷宾斯克水库，全长 456 公里，流域面积 2.97 万平方公里。

② 山冈是侧面陡直的漏斗形高冈，用扁平的漂石覆盖顶和四周，是一种墓葬形式。这种文化表现形式分布在伊尔门湖流域，考古学家们根据年鉴中记载的"斯洛维涅人生活在伊尔门湖周围，并由此得名"，而判断诺夫哥罗德的斯洛维涅人应属于这一文化形式。

③ 白俄罗斯和俄罗斯境内的河流，流经维捷布斯克、普斯科夫和诺夫哥罗德地区，全长 530 公里，流域面积 2.19 万平方公里。

拉伯迪尔亨姆（古阿拉伯银币）遗迹而得以证实。860—870年斯洛维涅人经历了该地区的内乱时期，此后，按照《往年纪事》的说法，斯洛维涅人加入"邀请瓦兰吉亚大公"的联盟中。10世纪诺夫哥罗德建成后，斯洛维涅人的称谓逐渐被"诺夫哥罗德人"所替代。

其九是杜列布人（дулебы），是一支东斯拉夫部落联盟，6—10世纪初活跃在西沃伦[①]地区。所对应的考古文化是布拉格[②]—科尔恰克[③]文化。

在7世纪时杜列布人遭到阿瓦尔人的侵袭。907年杜列布人参与了奥列格对君士坦丁堡的远征，这也是杜列布人最后一次以这一称谓出现在编年史记载中。公元10世纪中叶，杜列布人分别以布格人（бужане）和沃伦人（волыняне）的称谓成为基辅罗斯民众的组成部分，而其所代表的科尔恰克文化后来被卢卡—赖科韦茨文化所取代。

布格人是一支东斯拉夫部落，主要生活在西布格河上游地区，也正由此而得名，到11世纪末，布格人被称为沃伦人。根据10世纪巴伐利亚的一些匿名资料显示，当时布格人有230个"城市"（城堡）。布格城是他们的中心。而有关沃伦人的解释则认为，沃伦人是一支东斯拉夫部落或部落联盟，是在《往年纪事》中被提到的。根据该书的记载，10世纪末时沃伦人占据着70个要塞。他们主要的城市史沃伦和弗拉基米尔—沃伦斯基。相关考古研究证实，沃伦人当时农业和手工艺很发达，手工艺主要有锻造、铸造和制陶。981年沃伦人臣服于基辅大公弗拉基米尔，成为基辅罗斯的组成部分。后来，在原沃伦人

---

① 沃伦在9—18世纪的历史区域是，乌克兰西北部的普里皮亚季河南部支流地区和西布格河上游地区。

② 布拉格文化是5—7世纪的古斯拉夫人考古文化，主要分布在中欧和东欧地区（从易北河到多瑙河和第聂伯河中游）。根据其塑造陶器的特点与捷克考古学家 И. 博尔科夫斯基发现的布拉格陶器类型相近而得名。在很多研究中，将其与科尔恰克文化联系在一起，称为布拉格—科尔恰克文化。

③ 科尔恰克文化是中世纪早期斯拉夫人考古文化，主要分布在日托米尔州（乌克兰）。从1950年开始，莫斯科考古学家 Ю. 库哈列科对其进行研究，并以日托米尔州科尔恰克村得名。在8世纪初，这一文化发展成卢卡—赖科韦茨文化，该文化的代表是德列夫利安人。

领地建立了加利茨科—沃伦公国。

其十是白霍尔瓦特人（белые хорваты），也称为白克罗地亚人，是东斯拉夫人部落，生活在普热梅希尔城（波兰城市）和桑河①附近。10世纪的拜占庭史学家康斯坦丁认为，住在当时达尔马提亚地区，未接受洗礼的霍尔瓦特人称白霍尔瓦特人。他们原来生活在接近巴伐利亚和匈牙利的维斯拉河流域。后来，白霍尔瓦特人大部分举族南迁，形成南斯拉夫人的一支，而有一部分进入东欧平原的布格河流域和东加里奇地区。907年和992年，奥列格和弗拉基米尔大公先后对白霍尔瓦特人用兵，征服了他们。近代针对白霍尔瓦特人的考古发掘活动开始于19世纪70—80年代，当时先后领导该项考古发掘工作的学者主要是 A. 基尔科尔、Б. 亚努什、И. 科佩尔尼茨基、B. 普希比斯拉夫斯基，以及 Г. 奥斯索夫斯基。后来，波兰的考古学家 B. 安通耶维奇乌克兰考古学者和 Я. 帕斯捷尔纳克也曾主持过相关考古发掘工作。遗憾的是，尽管所展开的发掘工作规模很大，但与白霍尔瓦特人相关考古资料并不充分。

其十一是乌利奇人（уличи），是东斯拉夫人部落，8—10世纪居住在第聂伯河下游、南布格河和黑海沿岸地区。在不同的年鉴中，他们的名称也不尽相同，如 уличи, улучи, угличи, улутичи, лютичи, лучане 等称谓。《往年纪事》中记载："乌利奇人和底维尔人分布在德涅斯特河流域到多瑙河的广大地区，他们人口众多……希腊人称他们为大斯基泰人。"在10世纪前半期，乌利奇人曾试图摆脱基辅罗斯的统治而独立，但遭到镇压。970年，年鉴中最后一次提及乌利奇人。

其十二是底维尔人（тиверцы），是东斯拉夫人部落，9世纪分布在德涅斯特河和普鲁特河②，以及多瑙河地区，包括现代摩尔多瓦和乌克兰部分地区。《往年纪事》中第一次提到底维尔人是同9世纪的其他东斯拉夫人部落一并被提及的。如"乌利奇人和底维尔人分布在德涅斯特河流域到多瑙河的广大地区……"底维尔人当时主要从事农

---

① 波兰境内的河流，维斯拉河的右侧支流，全长444公里，流域面积1.67万平方公里。
② 乌克兰、摩尔多瓦和罗马尼亚境内河流，是多瑙河左侧支流，长953公里。

业生产活动。在其分布区的西部与从事畜牧业的罗曼语系居民毗邻，东部与游牧居民毗邻。907年和944年，底维尔人积极地参与了奥列格和伊戈尔对君士坦丁堡的远征。10世纪中叶，底维尔人的聚居地成为基辅罗斯的组成部分。

四 5—9世纪东欧平原上主要部落、部落联盟之间的内在联系

在民族大迁徙时期，东欧平原上的斯拉夫人在诸多游牧部落的驱使下，也实现了在东欧平原上的长途迁徙。[①] 正如俄国历史学家瓦·奥·克柳切夫斯基说的那样：斯拉夫人人数甚少，不足以密实而均匀地占据整个东欧平原。然而，斯拉夫人并不是用繁衍的方式逐渐扩展的，而是以迁居的形式，像飞鸟般从一处迁居到另一处，在新的土地上居住下来。每一次迁徙都蕴含着在新的外部因素影响下对新居住地自然特点和对外关系的适应过程，以及在适应的基础上形成新的生活、独特的气质和性格等。由此，尽管上述考古文化分布区曾经遭到外族入侵的破坏，但其文化类型和特点却被那些迁徙到各地的斯拉夫人传承下来，与新聚居地的考古文化特征相结合形成了新的文化类型特征。这也就是我们可以通过现代考古学的研究，确定诸多考古文化类型彼此之间是否存在横向文化联系的依据。

最初，东欧平原上的斯拉夫人主要居住在两种考古文化类型分布的区域内：一是普舍沃尔斯克文化[②]（пшеворской），主要在中欧从埃利巴到西布戈和德聂斯特尔河上游；二是切尔尼亚霍夫文化[③]

[①] 参见马丁·吉尔伯特《俄国历史地图》，王玉菡译，中国青年出版社2009年版，第6—10页。

[②] 普舍沃尔斯克文化是铁器时代的考古文化（公元前2世纪—公元4世纪），主要分布在波兰中部和南部地区。以波兰城市普舍沃尔斯克命名，因在城市周围找了第一批人工制品。

[③] 切尔尼亚霍夫文化是中世纪早期的考古文化，主要分布在2—5世纪的乌克兰（包括克里木）、摩尔达维亚和罗马尼亚。大部分历史学家认为，很多民族都体现这一文化特征（斯拉夫人、萨尔马特人等）。这一文化后来被扎鲁比涅茨文化所取代。

（черняховской），主要分布在黑海北岸，西面到多瑙河下游，东面到北顿涅茨。这两种考古文化类型聚居区都具有罗马时期的地方风貌，并且都具有多民族杂居的特点。其中，普舍沃尔斯克文化分布区，是在维斯拉河中上游地区和临近奥杰尔流域与德聂斯特尔河上游地区。当时，这个区域并不是封闭的，很多日耳曼部落曾多次侵袭过这里。而在切尔尼亚霍夫文化区域内由于混居，西徐亚（斯基泰人）—萨尔马特晚期地方居民与移居来的斯拉夫人构成了斯拉夫—伊朗的共生群体。结果在波多利亚和第聂伯河中游地区，分离出来一支独立的斯拉夫方言部落群体，就是历史史料中提到的安迪人。①

当然，我们也应该看到，诸多游牧部落的侵袭对上述两大文化类型分布区还是造成了非常大的破坏。375年，匈奴人侵入黑海北岸地区，一路上他们毁灭了一切，劫掠居民和烧毁切尔尼亚霍夫文化的村庄，使田地荒芜以及屠杀居民。现代考古学证实，大量的切尔尼亚霍夫文化居民点到4世纪末都不存在了，只是在个别森林地带还保存着具有该文化特征的较小的村庄。同时，普舍沃尔斯克文化分布区也遭受了同样的破坏。其中，主要的手工业中心居民点遭到了破坏，很多村庄荒芜了。在这种情况下，大量的居民从普舍沃尔斯克文化分布区迁出。451年，匈奴人对欧洲的征服被中断，当时入侵高卢的匈奴军队在卡塔兰草原的战役中遭到了失败。一年后，著名的匈奴首领阿提拉（445—454年）组织了大军，重新进攻加尔利亚，又没能成功。他死后匈奴帝国开始瓦解。普舍沃尔斯克文化和切尔尼亚霍夫文化分布区中，多多少少也保留了一些农业居民，他们主要是斯拉夫人，这些人慢慢地安定了下来。那些失去了罗马地方手工艺生产的居民，被迫开始重新创建新的日常生活和文化。因此，在中世纪早期斯拉夫人的发展水平要比罗马时期低。

中世纪时期的斯拉夫人还远未形成一支巩固的群体，他们在中欧和东欧广阔的区域内零散地分布着，各个地区间的联系也是非常

---

① Седов В. В. *Происхождение и Ранняя История Славян*. М., 1979, cc. 119–133.

缺乏的。他们每支群体的生存发展状况都是不同的。结果，5—7世纪形成了几种不同的斯拉夫文化，而这些文化类型都被现代考古学所记录下来。通过对这些文化类型的详细阐述，我们不仅可以发现其内在联系，而且还可以了解当时各部落、部落联盟的生产力发展状况。

（一）佩尼科夫文化

在5世纪时，在波多利亚—第聂伯河地区的前切尔尼亚霍夫文化的领域内形成了佩尼科夫文化[1]（пеньковская）。这一文化的创造者是属于切尔尼亚霍夫文化的森林地带居民的后裔，其中一部分人是罗马时期在斯拉夫—伊朗共生的条件下形成的安迪人。除此之外，在佩尼科夫古代文化形成时，存在着从第聂伯河左岸地区来的移民，房屋建造和陶瓷艺术制品中的文化要素说明了这一点。

在第聂伯河中游和布戈河南部地区发现的佩尼科夫早期文化的遗迹，特别是被П. И. 哈弗柳克在布戈河岸地区找到的库尼、戈利卡和帕尔霍莫夫克村庄的遗址[2]，其中发现了居民居住的地窨子房。居民用石砌的火炉或炉灶取暖。遗址中还发现了有代表性的上面刻有雕塑造型的黏土做的器皿。在库尼村庄的遗址中，还发现了4—5世纪末铁制的二项式的扣针，它带有长的弧形的柄和密实扁平的插口。在帕尔霍莫夫克村庄遗址的一间住所中，还找到了5世纪带有葱头形状的柄的青铜扣针。在科丘别耶夫斯科村庄的地窨子房遗址发现了佩尼科夫文化器皿和切尔尼亚霍夫文化陶器制品的残片。这样的器皿在某些其他的佩尼科夫文化村落中也被发现了，显然，它们是在中世纪初期残存下来。

在第聂伯河中游地区，希特查村庄遗址是研究文化沉积现象的一

---

[1] 佩尼科夫文化是中世纪早期斯拉夫人考古文化（4世纪至8世纪初），主要分布在摩尔达维亚和乌克兰的普鲁特河和波尔塔瓦州之间的地区。后来被萨尔托夫—马亚茨文化所取代。

[2] Хавлюк П. И. Раннеславянские Поселения в Бассейне Южного Буга. Сб. *Раннесредневековые Восточнославянские Древности*. Ленинград. , 1974, сс. 181－215.

个遗迹。① 在这里，大部分的陶器都是典型的佩尼科夫文化。在形态方面，某些器皿是佩尼科夫陶器与基辅陶器特点的结合。除此之外，还发现了切尔尼亚霍夫文化的陶器器皿的残片，和 5 世纪时的骨制梳子。

从大安德鲁索卡到佳斯明河一带的土造古墓中，有一些是属于佩尼科夫文化的早期。他们是按照仪式将尸体火化，而将火化的残留物放入不大的墓穴中。并在其中一个墓穴中，找到了属于 5 世纪的青铜扣。②

在随后的 100 年里，佩尼科夫文化发展起来。该文化所具有的一系列特征中，最突出的是陶瓷艺术。它的主要形状是带有稍微压型的上边和椭圆形躯干的瓦罐。这些瓦罐最宽的部分在中部，口和底部狭窄，直径大致相同。第二种广为使用的器皿类型是带有突出或平坦边棱的峰形瓦罐。除此之外，在佩尼科夫文化遗迹中，扁平的黏土制的圆盘和（平底）煎锅是比较常见的，而这些物品也是中世纪早期大部分斯拉夫文化所具有的，偶尔可以看到钵。整个器皿是在没有任何制陶环形物的情况下制成的。器皿上的装饰图案通常是没有的，只有极个别的瓦罐在边缘上有纹饰，黏上轴或在躯干上黏上疙瘩。

佩尼科夫文化的居民点为 2—3 公顷的村落。大部分的村落有 7—15 户农家。大多数的住宅都是凌乱分布的，只有少数居民点的住宅分布是有秩序的。居民的地窨子房的面积大致在 12—20 平方米。地槽的深度在 0.4—1 米浮动。建筑的墙是木椁或立柱结构，其中木椁结构的住宅占多数。这些木椁或被砍出了毛边或是未加任何修饰。住宅地上的部分 1.5—2 米。立柱结构的住宅是将半圆木沿地槽的墙水平放入，用环形物固定，或是直接将半圆木的底部嵌入立柱的凹槽中。住宅的顶盖有树木的骨架，然后用干草、芦苇或竿覆盖，上面涂了一层黏土。

---

① Горюнов Е. А. Ранние Этапы Истории Славян Днепровского Левобережья. Л., 1981, сс. 66 – 79.

② Березовець Д. Т. Могильники Уличів у Долині р. Тясмину. Сб. *Словяно-руські Старожитності*. Київ, 1969, сс. 67 – 68.

住宅靠火炉或炉灶取暖。在佩尼科夫文化的早期阶段就掌握了对炉灶的使用,后期主要是石砌的炉,通常被设置在房屋的一个角落里。极少的情况是使用黏土砌的火炉。住宅的帐幔是用土砌的(материковыми),只有少数住宅的帐幔是用厚木板铺砌的。在很多住宅中,火炉的对面是个出口,可以沿木梯上去,有时梯子是用底土砌的。佩尼科夫文化的住所的内部装修是十分简单的,只有长凳。

佩尼科夫文化村落的住宅旁还有家务用途的建筑。它们或是地上的木樟或立柱建筑,或是木垛,直径 0.3—2 米,深达 2 米的圆柱形的、钟形的或圆桶形的地窖。其中储藏着谷物和其他粮食。①

在第聂伯河南部地区,佩尼科夫文化的居民与游牧世界进行着紧密的接触。在许多村落的遗址中发现了,位于一定深处的圆形或椭圆形结构的住所,不仅使我们联想到游牧人的帐篷,揭示了游牧人对斯拉夫世界的阿兰—保加尔居民的渗透。

佩尼科夫文化分布区有些极个别的有防御工事的村落。被考古发掘工作研究的比较充分的摩尔达维亚的谢利什捷城就是其中之一。它的长是 130 米,宽是 60 米,建在瓦季奇河汇入列乌特河的入口处。它四周由木头墙和峡谷包围着。考古发掘工作发现了 16 个地窖子房和 81 个家务用途的窖。在 4 个地窖子房中发现了手工艺活动的残迹,这些手工艺活动与珠宝加工和制陶有关。遗迹的研究者认为,该城是一个佩尼科夫文化分布区内的行政—经济中心。②

佩尼科夫文化的一个最重要遗址是位于佳斯明地区属于 6—7 世纪的帕斯特勒城遗址。③ 它占地约 3.5 公顷,由土堤和断隧包围着,这一切还是在西徐亚人(愚昧落后的)时代修建的。考古发掘工作研究了近 20 个典型佩尼科夫文化风貌的带石砌火炉的地窖子住所。除此之

---

① 参见 Седов. В. В. *Древнерусская Народность*（*Историко-археологическое Исследование*）. Языки Русской Культуры, 1999, с. 31。

② Рафалович И. А. Исследование Раннеславянских Поселений в Молдавии. Сб. *Археологические Исследования в Молдавии 1970 – 1971 гг*. Кишинев, 1973, сс. 134 – 144.

③ Брайчевский М. Ю. Работы на Пастырском Городище в 1949 г. Сб. *КСИИМК. Вып АИСССР*. XXXVI, 1951, сс. 155 – 164.

外，还发现了加工铁的作坊，熔炉和用黏土烧制的陶器的熔缸。收集到了大量的、各种各样的实物资料。该城遗址中佩尼科夫文化类型的有雕塑装饰的陶器最为常见。同时，在这里还发现了具有游牧人风貌的器皿和被称为帕斯特勒类型的陶制器皿——一种边缘突起灰色光滑的瓦罐。这种陶器大概起源于切尔尼亚霍夫文化的陶器业。

帕斯特勒城是大的贸易——手工艺中心，也是行政中心，在这里生活着各个部落的居民。除了斯拉夫居民外，还发现了游牧人的帐篷式的建筑。

在佩尼科夫文化的区域内，还发现了位于南布格河附近的一个岛上的盖沃龙铁匠综合体。在3000平方米的范围内，发掘出25个生产用的火炉，其中4个是用于烧结的（用于铁矿石的洗选），其他的用于铁的熔炼。①

佩尼科夫文化的墓穴遗址主要是土砌的墓穴。该文化的传承者和安迪人后裔已经记不清全部的墓葬仪式了。双仪式现象是佩尼科夫文化分布区所特有的。大概是从切尔尼亚霍夫文化继承来的。

佩尼科夫文化的古墓被研究最多的是大安德鲁索卡遗址和摩尔达维亚的谢利什捷城的大墓群遗址。在那里，按照火化的仪式埋葬的古墓比较普遍，火化仪式是将死者在坟墓外火化，将煅烧后的骨骸放在直径 0.4—0.6 米，深 0.3—0.5 米的坟墓中，而按照土葬（ингумации）的仪式埋葬的坟墓极少。

佩尼科夫文化的体现者们占有了肥沃的土地，掌握了一些农业劳动的工具（铁犁、镰、铲），以及在所有村落都挖了谷物窖。骨学资料明确证明，当时的经济基础是农业和畜牧业。在手工艺加工方面，铁加工和青铜加工得到了优先发展。铁制品的工艺学分析表明，佩尼科夫居民继承了罗马时代的生产成果。

一系列珍宝和被得到的珠宝制品，都与佩尼科夫文化有着密切的联系。这些珍宝中最突出的是在圣马丁出土的，1909 年在罗斯河流域

---

① Седов. В. В. Древнерусская Народность（Историко-археологическое Исследование）. Языки Русской Культуры, 1999, c. 32.

找到的，有近百件银制品——额上的绦带、耳环、鬓发的环、颈饰、手镯、饰针、腰带的附属品（金属小牌、套和扣环），以及两个有拜占庭印记的银制酒杯、盘子的残片、匙和 9 个模拟人和动物形态的制品。①

半圆的刷状物上带有 5—7 个突起的掌形扣针，是考古发掘到的最为普遍的物品。它们在很多佩尼科夫文化的村落和墓穴中都可以看到。在温尼齐地区的巴尔纳舍夫卡城遗址，发现了 750 年左右的生产综合体，在其中找到了用于加工掌形扣针的铸造模子。②

佩尼科夫文化主要存在于 5—7 世纪。但是，8—9 世纪，很多的佩尼科夫文化的村庄仍然在发挥着功能。

在佩尼科夫文化分布区中，按照地理情况可以分为以下几个基本的（局部的）群体：德涅斯特尔河上游群体，德涅斯特尔河中游群体，南布戈河群体，第聂伯—佳斯明群体和第聂伯—奥列利群体，这些群体之间分布着或多或少的无人居住的领地。依据历史学资料，以及考古学和地名学资料，东斯拉夫克罗地亚人应局限在喀尔巴阡山东北地区，主要是在德涅斯特尔河上游流域。因此，佩尼科夫古代的德涅斯特尔河上游群体应归入这个部落之中。在德涅斯特尔河中游地区，他们和底维尔人混居在一起；在南布戈河地区，大概是和布扎人混居在一起；在第聂伯—佳斯明和第聂伯—奥列利地区是与早期的乌利奇人混居在。在安迪人时期，这些就是区域构成体（地区之间存在着至今仍无法揭示的某些民族学差别），随着时间的推移，他们逐渐形成了独立的部落群体。

（二）布拉格—科尔恰克文化

中世纪早期斯拉夫人的另一个比较大的部落群体，在 5—7 世纪具

---

① Седов. В. В. *Древнерусская Народность* (*Историко-археологическое Исследование*). Языки Русской Культуры, 1999, с. 33.

② Винокур І. С., Мегей В. П. Ювелірна Майстерня Ранньосередньовічних Слов´ян. Сб. Археологія. Київ, 1992, No. 3, сс. 82 – 95.

有布拉格—科尔恰克文化的特征。这个文化的分布区十分广阔，从西面的埃利巴河上游和杜纳河中游（Подунавья），到东面的基辅附近的第聂伯河的右岸，从北面的维斯拉河中游，到南面的喀尔巴阡山一带。根据其普遍特征来看，这一文化类型是适应于这一地域的。按照约尔丹的说法，这一地域分散居住着斯克拉文人（sklaveni）。"斯克拉文人居住在从诺维耶通城和穆尔锡安湖到达纳斯特尔（Данастр，笔者认为可能是德涅斯特尔河），北面到维斯拉河……"①《格季卡》的注释者Е. Ч. 斯克尔任斯卡亚对所指出的地理方位进行了分析，认为我们所研究的这部分斯拉夫群体，西南面在下萨沃亚，北面在维斯拉河，南面在巴拉通和德涅斯特尔河，与5世纪至6世纪前半期的布拉格—科尔恰克文化的分布相符。

布拉格—科尔恰克文化的基本特征，在 B. B. 谢多夫的《中世纪早期的斯拉夫人》一书中已做了详细说明。② 他在另一部学术著作中提到，这种文化的创造者是普舍沃尔斯克文化的后裔，并且最初形成于喀尔巴阡山以北地区。③ 布拉格—科尔恰克文化之所以分布广阔，与人口的迁移有关。

与东斯拉夫人的历史有着密切关系的是，布拉格—科尔恰克文化的一个比较小的地区——沃伦州，位于基辅希纳的右岸和皮亚特（Припятского）附近的多林低地的南部。德涅斯特尔河上游和沃伦州的边疆地区，属于该文化的分布区，更东面的土地，在公元5世纪末至6世纪被该文化的体现者们所开垦。

布拉格—科尔恰克文化的主要遗迹，是分布在大大小小的河岸，小溪和其他水体附近的，有利于农耕和放牧牲畜的无防御工事的村落遗址。村落的规模不大，通常由5—20个个体农户组成。最为普遍的房屋建筑是堆砌的，排列无序的。可以看出，居民的房屋建筑布局是不正规的群。房屋建筑间的中间地带有具有经济用途的地窖，想必是

---

① Иордан. *О Происхождении и Деяниях Гетов.* М., 1960, с. 72.
② Седов В. В. *Славяне в Раннем Средневековье.* М., 1995, сс. 7–39.
③ Седов В. В. *Славяне в Древности.* М., 1994, сс. 290–296.

宗法时期的大家庭集体使用的。有些村落的建筑是有序的，其中位于德涅斯特尔河上游的拉什科夫附近的村落就是如此①，考古学者对此遗址进行了比较充分的研究，认为这个村落是布拉格—科尔恰克文化的传承者向下多瑙河地区迁移的过程中建立的。

布拉格—科尔恰克文化分布区中的一些城市是我们所知晓的，沃伦州的济姆诺城就是其中之一，它建在西布戈河的支流卢加河高岸的海角上。② 该城的面积是 1890 平方米。考古发掘的成果证明，它用在木槽的凹口处用原木横向加固的木柱作成的墙，并用木桩围墙包围着。在城中发现了手工艺生产的遗迹。与那些无防御工事的农业村落相区别，在这里有铁匠、珠宝匠和石刻工匠生活和工作的遗迹。

有雕塑装饰的陶器、房屋建筑样式和丧葬仪式是布拉格—科尔恰克文化所反映的民族特征。陶器的框架是由带有半截锥形躯干的高瓦罐构成，颈略窄且带有短的顶部。它最宽的部分是在上面三分之一处。大部分的器皿已经失去了装饰图案，只有极少数瓦罐可以看到顶部上沿刻有倾斜的纹饰。除此之外，在村落中时常可以发现黏土制成的煎锅。

居民的地窖子房，面积 8—20 平方米，平面图是正方形或近似正方形，深入土下 0.5—1 米。有些房屋的墙是木榫结构，也有的是立柱结构。帐幔是土制的，有时还在上面涂上黏土，极少是用木板铺砌的。住所地槽的一个方向上设有出入口，利用木梯上下。住所的一角设有石砌的或黏土砌的火炉。房屋中设有可供坐卧的条凳，有的是木质的，有的是用基岩（底土）切割而成。考古发掘工作还发现了桌子和别的家具的遗迹。房屋的高度达到了 2 米。屋顶是双斜面的，有木制的构架，上面用木板或禾秸覆盖。有些建筑不挖到地下，而是建在地面上，如在济姆诺城遗址中就发现了大的地上建筑的遗迹，大概由几个小室

---

① Баран В. Д. *Пражская Культура Поднестровья* (по Материалам Поселения у с. Рашков). Киев, 1988, сс. 7–13.

② Седов. В. В. *Древнерусская Народность* (Историко-археологическое Исследование). Языки Русской Культуры, 1999, с. 34.

构成，每个小室中都有火炉。

地窨子住所是布拉格—科尔恰克文化的重要的民族特征之一。但是，这种斯拉夫房屋的类型，在佩尼科夫文化和伊波捷什季—肯杰什特文化分布区都很普遍。前者与后者的区别在于，后者的房屋类型是唯一的，而对于前者——布拉格—科尔恰克文化来说，还存在地上建筑的类型。遗憾的是，要对这一问题做进一步的研究和说明，是非常困难的。

布拉格—科尔恰克文化较早的墓葬遗址，是按照焚烧尸体的仪式埋葬的土墓群。火化的残物和出殡用的雀麦属的植物，被安放在不大不深的坑中，或极罕见地放在罐中埋在坑的底部，而所用的罐是典型的布拉格—科尔恰克文化风貌的黏土器皿。大部分的墓穴中没有用具之类的东西，只是在极少的情况下可以看到用玻璃制成的被熔化了的项链、铁制的刀、锥子、扣等。

6—7世纪，坟丘（圆形土堆）在布拉格—科尔恰克文化分布区得到普及，这一特征与中世纪早期其他斯拉夫部落群体相区别。坟丘埋葬方式产生的原因和条件暂时还无法解释，可能与某些原始的世界观的变化有关。但是，更可能的推测是，局限于喀尔巴阡山东北部的喀尔巴阡山坟丘文化作用的结果。① 喀尔巴阡山坟丘的遗址不高，布局上是圆形坟丘，按照火化死者的仪式埋葬。布拉格—科尔恰克文化较早的坟丘的土堤结构和宗教仪式，与喀尔巴阡山坟丘文化在很多细节上是可以相对照的。到5世纪中期，当布拉格—科尔恰克文化的斯拉夫人迁移到这里时，喀尔巴阡山坟丘文化仍然在发挥着作用，对迁来的斯拉夫人社会产生影响。在这种文化晚期的村落遗址中，时常发现布拉格—科尔恰克文化的器皿和地窨子房，而在5世纪后半期至6世纪的布拉格—科尔恰克文化中发现了带有喀尔巴阡山坟丘文化特征的综合体。

坟丘文化的宗教仪式在布拉格—科尔恰克文化分布区的普及是逐

---

① Седов В. В. Становление Курганной Обрядности в Раннесредневековом Славянском Cире. Сб. *Проблеми Походження та істричного Розвитку Слов'ян*. Київ，1997，cc. 134－141.

步实现的。5世纪后半期—7世纪前半期，是这一宗教仪式的形成时期。坟丘文化在沃伦—波列斯克地区和莫拉维亚地区成为主要形式，而布拉格—科尔恰克文化的大部分斯拉夫居民依旧是把死者埋在大墓地。7世纪后半期至8世纪，坟丘文化方式得到了广泛普及。9—10世纪，几乎完全取代了旧有的方式。此时，在布拉格—科尔恰克文化分布区中已经看不到文化的一致性，它已经被分割成几个民族的文化群，而每个民族的文化群都独立的发展。只有在个别方面，包括坟丘方式的普及方面，才表明了这些斯拉夫居民从属于中世纪早期共同的文化—部落构成体。

这些斯拉夫群体的文化同一性，还表现在同一类型饰物的普及上，这种饰物是末端带有S形的鬓发环。这种饰物最初出现在7—8世纪的多瑙河中游地区斯拉夫居民中，这部分斯拉夫居民是布拉格—科尔恰克文化群体。9—11世纪，这一女性饰物在布拉格—科尔恰克文化部落的后裔居住的所有区域得到普及。①

乌克兰右岸森林草原地带的布拉格—科尔恰克文化，到8世纪初发展成卢卡—赖中科韦茨类型的文化。② 在6—7世纪的层积中，有很多村落遗迹中带有卢卡—赖科韦茨文化类型的陶器。8—9世纪产生的村落，在地形条件上与更早产生的村落没什么区别。但可以看出村落数量的增长，而且同布拉格—科尔恰克文化相比，虽然规模不大的村落依旧不少，但大多数村落的面积都比较大。主要的类型仍是无防御工事的村落，居民从事农业生产。与此同时，还有一些城市（特别是在9世纪），带有手工艺和贸易性质，大概也具有行政职能。

位于戈雷尼河下游的霍托梅利城就是其中之一③，它建在多沼泽的河滩地高处，椭圆形场地的面积是120平方米，周边用土堤围着。

---

① Седов В. В. *Славяне в Раннем Средневековье*. М., 1995, сс. 31 – 35.
② 卢卡—赖科韦茨类型文化是中世纪斯拉夫人考古文化，存在于7—10世纪的西布格河上游和第聂伯河右岸地区。该类型文化是在7—8世纪的科尔恰克文化基础上形成的，10世纪成为古罗斯民族文化的组成部分。
③ Кухаренко Ю. В. Раскопки на Городище и Селище Хотомель. Сб. КСИИМК. Вып. 68. АИССР, 1957, сс. 90 – 97.

东、西两边还建有附加的弧形的土堤和沟，东南面与村落紧挨着，考古发掘工作在这里发现了地窖子住所，与布拉格—科尔恰克文化住所同属一个类型。房屋中有石砌的或黏土砌的火炉，设在房屋的角落，对于其他卢卡—赖科韦茨文化的村落来说是有代表性的。同时，与地窖子房并排还建有处于地面上的不大的木樽住所。这些残迹主要是在霍托梅利城发现的。这种文化村落与更早的村落不同之处是，它建有大量的用于经济的建筑，谷物地窖和其他经济用途的地窖比较常见。

陶器是这一时期有代表性的手工业产品，但它与卢卡—赖科韦茨文化和布拉格—科尔恰克文化类型的黏土器皿之间却没有明确的界限。泥浆的构成，烧制火候，塑造方法和外形样式等都无太大的差别，只是从不大成型的器皿向更加成型的器皿逐渐发展的过程。最明显的是，器皿的比例发生了一定变化。这种器皿变得越来越矮和宽，与缺乏装饰图案的布拉格—科尔恰克文化类型的器皿相比，卢卡—赖科韦茨文化的陶器常常用各种图案来装饰，这些图案或是极细的皱褶，或是雕花、凹口、不均匀的波纹，或是线形装饰图案。9世纪，最早出现的是陶器顶部被磨光了、中部有雕塑造型的器皿，而后制作的陶器整体都被磨光了。

8—9世纪，墓丘埋葬的比例有显著发展。9—10世纪，墓丘仪式大概完全取代了大墓地埋葬仪式。如果说布拉格—科尔恰克文化还保留了某些大墓地埋葬仪式的残余，那么现在每一个土坟都指向一个个体。

卢卡—赖科韦茨文化只是在布拉格—科尔恰克文化分布区的东部得到了传播，即从西布戈河上游到基辅第聂伯河右岸地区。在其他地区，文化的发展是多方向的。到10世纪初，卢卡—赖科韦茨的文化类型变为古罗斯文化类型。

（三）沃伦采夫文化

第聂伯河中游的左岸和上游的邻近地区，到7世纪的最后10年，存在着两个大的文化群体。森林草原地带属于安迪人，他们是佩尼科夫文化（萨赫诺夫时期）的体现者。更北部的地区（谢伊姆河沿岸和杰斯纳河沿岸）居住着科洛钦文化部落。7世纪末，由于大量新居民的闯入，这些文化在第聂伯河中游的发展被中断。这次移民触及第聂伯河基辅沿岸的卢卡—赖科韦茨文化分布区的一小部分，在那里居住着波利安人。

外来的居民在生产和其他关系中表现得非常积极。于是，在第聂伯河左岸地区形成了新的文化——沃伦采夫文化。在该文化遗址的早期地质层积中，存在着佩尼科夫文化和科洛钦文化的资料。例如：在以下具有沃伦采夫文化形式的村落遗址中，即霍多索夫卡、沃弗基、别谢多弗卡、希特齐、罗伊谢、奥布霍夫2号等遗址中，发现了圆形正面、双锥形瓦罐，与佩尼科夫文化晚期的资料有明显的相似。在沃伦采夫文化的沃伦采夫村落的早期地层中，发现了双锥形的，圆柱—锥形的和郁金香形的器皿，完全与科洛钦文化相符。[①]

这不仅是外来居民与当地的佩尼科夫文化居民，以及部分科洛钦文化居民接触的证明，而且也证明了本地居民与移民之间的通婚。渐渐地，佩尼科夫文化和科洛钦文化的传统开始模糊，沃伦采夫文化因素逐渐占据优势。由于与外来人的民族语言的近似，当地的安迪人居民进行了快速的文化移植。

沃伦采夫文化的主要代表是一些村落遗迹，这些村落有其自身所处的地形特点，并在基本特征上与先前时期的村落类似。它们建在河滩地以上的台地的不高的地段上，或建在河谷中的丘陵上。后期，一些村落建在相对较高的地方。村落的规模一般不大，但少数大村落的面积达到6—7.5公顷。至于它们设计的特点，现存资料很少。在沃伦采夫村遗址，发掘出约4800平方米的场地上，发现了51个用于居住和生产的建筑。但是，它们属于几个不同的建筑时期。虽然如此，但仍可以说成是四个综合建筑群，其中住所的分布是密集而无序的。沃伦采夫文化村落没有防御工事。只有一些村落零星地分布在西徐亚时

---

① Березовец Д. Т. Новые Раскопки в с. Волынцево. Сб. *Археологические исследования на Украине. Вып. 1.* Киев, 1967, с. 169.

期建成的城市中。

沃伦采夫文化的房屋建筑是布局近似正方形或直角形的地窖子房，面积为12—25平方米。它们大部分陷入土下的深度为0.4—1.2米，而住所的墙带有立柱构架结构（带横向的原木制的或树枝编成的砌面）。考古发掘工作还发现了木樽结构的地窖子房。房屋建筑的顶盖是双斜面的，且墙的高度达到1.2米。在木制房顶上撒了一层掺有黏土的泥土。有走廊式的带阶梯的开口用于出入。在建筑中，通常有地窖，或是墙上钉的木板结构用于储藏。除此之外，村落中还有用于经济用途的地上建筑或地窖。可以看出，沃伦采夫文化住所与中世纪早期的其他斯拉夫区域的地窖子房是相同的。

第聂伯河左岸地区的住所，主要是用黏土砌的火炉取暖。通常，它们是用建筑房屋时残存的基岩砌成，如果土质不适用，那就用拾来的黏土踩实后砌成。在第聂伯河更北的地区，普遍使用石砌的火炉。在比蒂茨克村、奥波什尼扬斯克村和其他早期的村落中，发现了炉灶（очаги）。

沃伦采夫文化的古墓，是没有任何地上特征的土墓。死者在别处被火化，残存的遗骸被埋在不深的坑里或放在黏土制的器皿中埋到坑里。学者们对其中一个沃伦采夫文化的古墓群进行了广泛研究，在其考古发掘中发现了17个墓穴。火化后除去了灰烬和木炭的骨骸，出殡用的雀麦属的植物，还有少量死者个人的穿戴物品，常常都被放在墓穴中的瓦罐中。通常情况下，墓穴中还有一些器皿陪葬。在墓穴中可以看到玻璃制的，或是膏剂制的项链，青铜手镯等。

独特的陶器是该文化的重要标识之一。对于沃伦采夫文化的古代来说，特别是中期，完全是典型的光滑的陶器器皿，这种陶器器皿带有高且直的顶部，凸形的肱和半截锥形的底部。这是典型的"沃伦采夫文化的瓦罐"。它们的黑色或深棕色的表面，通常用垂直线和十字形的线来装饰。生产这种器皿的中心位于沃伦采夫文化分布区的某处，但至今还没有被考古学者们发现。学者们推测，认为这个生产中心应在波尔塔瓦地区，Н. Е. 马卡连科曾记录了这一地区（塔拉诺夫谷地靠近马丘哈的地方）当时陶器生产的情况。

有雕塑造型的黏土器皿占当时收集到的所有陶器的80%—90%，其中沃伦采夫文化类型的瓦罐占多数。它们有抹平的或稍微磨光（подлощенную）的表面，并用最好的黏土掺上细沙制作而成。在该文化的中后期，有雕塑造型的质地粗糙的瓦罐形的器皿比较普遍，它们在外形和制作工艺上都与罗姆文化的黏土器皿相近似。罗姆文化的黏土器皿都是用掺有（黏土）熟料的黏土制成，并且表面比较粗糙。用这样的黏土制成的煎锅，通常都带有高的卷边。时常在沃伦采夫文化遗址中，可以看到有雕塑造型的圆底的钵和其他陶器。

陶器中主要有双耳罐，是一种被称为萨尔托夫类型的双把器皿，带有典型的布满沟痕的躯干，橘红色的表面，有时涂有浅色的釉底料。这种器皿在8—9世纪的顿河地区和克雷姆地区被广泛使用，因贸易交换传到了沃伦采夫文化区。萨尔托夫陶器在沃伦采夫文化区的不同地方所占的比重是不同的。在与萨尔托夫文化区邻近的南部地区，这种陶器所占的比例最大（如在沃夫卡村这种器皿占到陶器总量的21%）。

在沃伦采夫文化遗址中，发现了一些铁制物品，多是劳动工具（犁、镰、大钐刀、斧）、武器和铠甲，以及日常用具（刀、镊子）和扣。收集到的有色金属制品主要是装饰物（鬓发环、手镯、戒指、扣针、褡扣、铃铛）。在埋葬的宝物中有更加突出的装饰物品，如在哈里耶夫斯克的宝藏中，有典型的沃伦采夫文化的瓦罐，在其中发现了金制和银制的耳环、金银颈饰，样子像人的扣针，还有扁平的坠儿，银链和腰带上的金属饰物。[1] 在沃伦采夫文化的村落遗址中，还发现了用骨头做成的针、弯锥和避邪物，甚至还有玻璃的项链和大量的黏土制的（纺锤上的）坠子。

村落地形的特点和物质文化的风貌都表现出沃伦采夫文化居民的农业经济特征。考古发掘的资料为我们再现了当时种植的农作物的种类，那就是稷、春小麦、秋小麦、黑麦、豌豆、双粒小麦和大麻。家

---

[1] Березовець Д. Т. Харівський Скарб. Сб. *Археологія*. Т. Ⅵ. Київ, 1952, cc. 109–119.

畜的比重占到动物遗骨的 80% 以上。

沃伦采夫文化的发展，可以分为三个主要阶段。第一阶段，该文化中还存在佩尼科夫文化和科洛钦文化风貌的陶器类型。具体体现在带宽的或兽型的后坠的手镯，各种腰带扣，手杖形的扣（锁扣）等等。这一阶段始于 7 世纪末 8 世纪初。第二阶段，佩尼科夫文化和科洛钦文化风貌的陶器类型已经消失了，沃伦采夫文化的陶器器皿得到推广。这一阶段存在的时间是 8 世纪。① 第三阶段，沃伦采夫文化开始向罗姆文化类型转变。这一阶段存在的时间是 8 世纪后半期—9 世纪前半期。

当时，沃伦采夫文化的陶器器皿，大概由于生产中心的某种环境变化的原因而停止使用。此后我们所见到的，具有罗姆文化特征的器皿，普遍采用绳索形的造型图案。С. П. 尤连科、А. А. 乌贾诺维姆和 В. А. 佩特拉申科都曾对沃伦采夫遗址的陶器与罗姆文化的器皿，进行了比较分析。由此，确立了沃伦采夫文化和罗姆文化器皿制作过程的继承性。② 沃伦采夫文化瓦罐所特有的形态（带有圆柱形的颈和高的肱）得到了全面推广，在罗姆文化的遗址中可以找到相应的体现，一直存在到 11 世纪前，即古罗斯陶器最终取代雕塑造型的器皿的时候。具有沃伦采夫文化特征的地窖子房，构成了罗姆文化的民族特征。在沃伦采夫文化向罗姆文化转化的过程中，保存了一些没有变化的特征和葬礼的宗教仪式。

沃伦采夫文化分布的主要区域是，与谢伊姆河流域邻近的杰斯纳河地区，苏拉河上游和中游地区，佩尔河和沃尔斯克拉河地区。沃伦采夫文化居民分布区的最西面，已经达到了基辅和卡涅夫周围的第聂

---

① Гавритухин И. О. Обломский А. М. *Гапоновский Клад и его Культурно-исторический Контекст.* М., 1996, cc. 133 – 136.

② Петрашенко В. О. *Слов'янська Кераміка VIII – IX ст. Правобережжя Середнього Подніпров'я.* Київ, 1992, cc. 80 – 102.

伯河右岸地区。① 沃伦采夫文化分布区的东南面，已经发展到北顿涅茨上游附近，那里与萨尔托夫—马亚茨文化地区紧紧地相连接。这两种文化居民之间经常接触，萨尔托夫文化的一些东西在沃伦采夫文化地区得到广泛传播。② 而沃伦采夫文化的一小部分居民渗透到萨尔托夫—马亚茨文化地区，在德米特里耶夫斯科的墓穴中发现了沃伦采夫文化的陶器残片。③ 此外，在诺夫特涅沃村落，在萨尔克尔和其他地方的古迹中也有同样的发现。

有研究说，沃伦采夫文化的代表移居到顿河中游流域地区。博尔舍沃文化的遗迹，与罗姆文化同源，如果不能构成罗姆文化的变种，那么它们典型代表就是沃伦采夫文化的瓦罐型器皿。顿河中游地区的沃伦采夫文化居民主要使用两种陶器：一是带有沃伦采夫文化特征的装饰图案被磨光了的陶制瓦罐；二是形状上带有沃伦采夫文化特征的陶器十分近似的瓦罐，但有质量不好的磨光。按照 А. З. 温尼科夫的说法，后一种器皿在某些方面模仿了沃伦采夫文化的陶器。

沃伦采夫文化的陶器，在村落遗址（别洛戈尔斯克城）和墓穴（第一和第二别洛戈尔斯克墓地、雷索戈尔斯基墓地）中都可以找到。И. В. 津科夫斯卡雅研究了别洛戈尔斯克二号墓穴的资料，发现在陶器中可以清楚地看到一组带有较高的、几乎垂直颈的瓦罐，完全可以与沃伦采夫文化的器皿相比较。研究者还注意到这个遗址中，存在有制作中掺入了（黏土）熟料的圆形瓦罐，与佩尼科夫文化晚期的陶器相比较。由此得出一个假设，就是一些佩尼科夫文化居民参与到沃罗涅日—顿河地区斯拉夫人形成的过程中。显然，斯拉夫人开发这一地区应该是在沃伦采夫文化的初期。利佩茨克州亚尔鲁科沃村属于早期

---

① Петрашенко В. А. Волынцевская Культура на Правобережном Поднепровье. Сб. *Проблемы Археологии Южной Руси*：*Материалы Историко-археологического Семинара*（Чернигов и его Округа в IX – XIII вв.）. Киев, 1990, сс. 45 – 50.

② Щеглова О. А. Салтовские Вещи на Памятниках Волынцевского Типа. Сб. *Археологические Памятники Эпохи Железа Восточноевропейской Лесостепи*. Воронеж, 1987, сс. 77 – 85.

③ Плетнева С. А. *На Славяно-хазарском Пограничье*：*Дмитриевский Археологический Комплекс*. М., 1980, сс. 12 – 25.

斯拉夫人的遗址，在那里发现的黏土器皿可以与佩尼科夫—科洛钦文化的器皿相对照。①

考古发掘工作对位于顿河右岸地区的季特奇赫村遗址，进行了较为全面的发掘，没有发现沃伦采夫文化的陶器，但发现了不少形态上非常接近沃伦采夫文化器皿的瓦罐。这个村落遗址应属于较晚的博尔舍沃文化遗址。

研究博尔舍沃文化的多数学者认为，埋葬坟丘方式是它的特征。的确，在该文化的分布区中有不少坟丘大墓地。但是，我们不能不注意到，直到现在经过考古发掘的顿河中下游的坟丘，都属于9—10世纪，而这一时期博尔舍沃文化的形成期。在研究雷索戈尔斯基墓地时，研究者注意到这里的坟丘是在此之前更早的博尔舍沃文化的村落建造的。显然，坟丘方式在顿河中游地区普及的时间，要比博尔舍沃文化形成的时间晚近百年。在此之前，博尔舍沃文化的居民是沃伦采夫文化和罗姆古代文化的体现者，他们用土墓埋葬死者。这种习俗，显然是在9世纪时从奥卡河上游地区传到顿河中游地区的。

博尔舍沃文化地区的房屋建筑与罗姆文化的房屋建筑完全相同。火炉主要是石砌的，与沃伦采夫文化的杰斯纳地区相似。我们有理由认为，顿河地区的博尔舍沃文化和第聂伯河左岸地区的罗姆文化，是在沃伦采夫古代文化的基础上建立起来的。

奥卡河上游流域也存在类似的情况。这一地区的遗址中虽然没有发现沃伦采夫古代文化的沉积层，但是具有沃伦采夫古代文化特征的黏土器皿在很多村落中被发现。在对奥卡河上游地区的陶器进行分类之后，Т. Н. 尼科利斯卡娅区分出一组带有垂直的颈和突出的肱，且有雕塑造型的瓦罐，它们在所有指标方面都与沃伦采夫文化的典型器皿相同。这样的陶器在祖沙河地区的沃罗特涅采沃村遗址时被发现，还有在锡纽科沃村、扎伊采沃村、费佳舍沃村等地也发现同类陶器。具有光滑表面的沃伦采夫文化的瓦罐，在列别德卡和沃罗特涅采沃等

---

① Седов. В. В. *Древнерусская Народность*（*Историко-археологическое Исследование*）. Языки Русской Культуры，1999，с. 56.

地带有火化尸骸的坟丘中被发现。从扎帕德年斯克墓穴中出土的一些瓦罐型器皿，与沃伦采夫文化的瓦罐很相似。①

试想，这些资料足以清晰地反映，沃伦采夫文化居民在奥卡河上游地区的迁徙情况。这大概是沃伦采夫古代文化的体现者渐渐渗透的结果，并且他们通常不是建立新村庄，而是在现有的村庄周围住下。正因如此，奥卡河地区的沃伦采夫文化，没有像第聂伯河左岸地区那样表现得那么鲜明。奥卡河地区的沃伦采夫文化部落的迁移时期，应该不晚于7世纪末叶，因为在8—9世纪，不同于沃伦采夫文化居民的埋葬的坟丘方式在这里已经得到了广泛普及。

坟丘建筑属于先前的奥卡河上游地区居民的特征，即4—7世纪莫辛文化的代表，移居到这一地区的沃伦采夫文化的体现者们接受了这个仪式。

莫辛文化部落属于波罗的海民族语群。在约尔丹的著作中，他们被称为Coldas，其中很明显有戈利亚季人（果尔特人），而他们遗留下的部分于12世纪时生活在普罗特瓦河岸，奥卡河支流，此事在年鉴中有提到②。在奥卡上游地区形成了第一支斯拉夫群体，可以根据在这里找到的切尔尼亚霍夫文化类型的扣针进行推测，他们存在于4—5世纪之交，但是他们的具体情况不是很清楚。

8—10世纪奥卡河上游的古代时期，依据所有主要的成分，包括陶器和房屋建筑资料，可以与罗姆文化相对照。这两种文化的同一性体现在很多方面：村落的地形、规划，带有黏土砌成的火炉的地窖子房屋、黏土器皿，瓦罐的形态，钵和煎锅等，都完全相同。图案装饰的花纹也相同，都画在同样的用具上。但是，奥卡河地区的有图案装饰的器皿的数量要少于罗姆文化分布区。

很明显，沃伦采夫文化的形成是与第聂伯河左岸、顿河和奥卡河地区出现的大量新居民相结合的结果。问题在于，这些移民是从哪里

---

① Седов. В. В. *Древнерусская Народность*（*Историко-археологическое Исследование*）. Языки Русской Культуры，1999，с. 58.

② Седов В. В. *Славяне Верхнего Поднепровья и Подвинья*. М.，1970，сс. 47 – 48.

来的？现在有比较权威的解答。

B. B. 谢多夫对这一问题进行了深入细致的研究①，以下就对其所取得的成果做简要的概述。

他将沃伦采夫文化的典型特征与其他考古文化的特征进行对比分析后，发现沃伦采夫文化与伊梅尼科沃古代文化十分近似，而伊梅尼科沃古代文化存在于4—7世纪末的伏尔加河中游地区（从卡马河下游到萨马尔拉河）。伊梅尼科沃古代文化的陶器，完全是沃伦采夫文化所具有的典型的带圆柱形的颈和高肱的瓦罐形态。沃伦采夫文化与伊梅尼科沃文化的钵，可以在同等程度上进行对照。两者的古代文化都有同一类型的黏土制的煎锅。伊梅尼科沃文化陶器的唯一的装饰，像沃伦采夫文化一样，是顶部带有抓手形的凹陷。

沃伦采夫文化和伊梅尼科沃文化的村落属于同一类型。伊梅尼科沃文化的住所，是直角形木柱构架的建筑，比沃伦采夫文化的木樽结构突出（线条分明）。它们用黏土砌的火炉，石砌的火炉或炉灶取暖。在沃伦采夫文化分布区，也存在黏土砌的火炉，石砌的火炉和炉灶。的确，在伊梅尼科沃文化的住所中常常可以看到炉灶，在沃伦采夫文化的村落中也有许多炉灶，然而沃伦采夫文化的炉灶属于早期阶段的构造。两种文化的村落都有同一类型的储藏窖似的建筑（钟形或圆柱形的，侧壁涂有黏土，有时还用火烧过）。

沃伦采夫文化和伊梅尼科沃文化的土墓地，都是由同一类型的墓穴构成的，采用的都是将死者火化的宗教仪式。将炭灰未燃烧尽的骨骸放入陪葬的坑里，随葬的还有一些黏土制的器皿。

值得我们注意的是，沃伦采夫文化和伊梅尼科沃文化在经济方面完全相同。两者的经济文化都是同样的农耕类型。他们有同样的农业劳动工具，相同的农作物，畜牧和狩猎的比重的对比也相同，家畜的构成也相同。

据考证，在7世纪末，绝大多数的伊梅尼科沃文化村落（考古学

---

① Седов В. В. Очерки по Археологии Славян, М., 1994, cc. 49 – 66.

家发现了600多个）和墓地的相应职能都停止了。考古发掘证明，那些村落并没有被破坏或烧毁，而是由于某种原因，伊梅尼科沃文化居民遗弃了这些肥沃的土地。伏尔加河中游地区被荒废了。这一地区的农民们被迫去寻找新的适合自己居住的土地。

恰恰是在7世纪末，在第聂伯河—顿河的河间地，考古学证明了有大批新移民的出现，他们创造了沃伦采夫文化，无疑是继承了伊梅尼科沃文化的传统。伊梅尼科沃文化居民移居的原因是，突厥语好战的游牧群对伏尔加河地区侵占。

伊梅尼科沃文化与斯拉夫民族有着密切的联系。那些在匈奴人洗劫了切尔尼亚霍夫文化分布区后，组成了大的文化—部落群体的斯拉夫人是伊梅尼科沃文化的体现者。在这种情况下，一部分（足够多的数量）安迪人于4世纪末迁移到伏尔加河中游地区，并在那里创造了伊梅尼科沃文化。①

伊梅尼科沃文化居民的斯拉夫本质属性（限定），在语言学资料中找到了佐证。В. Н. 纳波利斯基在彼尔姆语言中，有一组原始斯拉夫词汇的借用（外来语），这些词汇属于彼尔姆民族语言同一性瓦解之前的时期，即不晚于5世纪。② 值得特别注意的是，在这些借用词汇中有"рожь"——黑麦一词。众所周知，在斯拉夫人迁移到东欧地区之前，东欧地区还没有培植出黑麦。波兰研究者К. 亚日德热弗斯基认为，这一农作物只在斯拉夫人迁移的过程中在中欧地区得到了推广。③

由此可见，伊梅尼科沃文化与沃伦采夫文化地区有着密切的联系，以及与罗姆文化、博尔舍沃文化和奥卡河上游地区文化有着一定程度的继承关系。

---

① Седов В. В. *Славяне в Древности*. М., 1994, cc. 304 – 315.

② Седов. В. В. *Древнерусская Народность*（Историко-археологическое Исследование）. М. Языки Русской Культуры, 1999, c. 60.

③ Яжджевский К. О Значении Возделывания Ржи в Культурах Раннего Железного Века в Бассейнах Одры и Вислы. Сб. *Древности Славян и Руси*. М., 1988, cc. 98 – 99.

五 被统治阶级内部通过生产实践和阶级斗争来加强民族意识的一致性

(一) 生产实践过程促进了古罗斯领地上斯拉夫居民的稳固

当时,基辅罗斯的农耕和畜牧业有了进一步发展。有学者认为,11世纪,出现了带犁刀、犁壁、前轮的犁和简单的耕具一起使用。林地也用来进行播种。在古罗斯城市中发现了大量的斧子,可以用来证明上述观点,这在《大法典》(*Пространной Правде*) 中,以及发现的树皮文字中都曾提到。当时基辅罗斯不仅存在休耕地(熟荒地),还有轮耕制度。①

居民的手工生产活动(打猎、捕鱼、野蜂饲养等)在经济上促进了对该地区的掌控②,《罗斯法典》中提到了"捕鸟的大网"(鸟的捕捉器),分布在森林中,等待着惩罚那些"盗窃"鸟。如有人破坏养野蜂的树,他会受到交付罚金的惩罚。③ 关于狩猎和其他手工生产活动在《往年纪事》中曾经提到。《往年纪事》称,"宿营地""捕鱼鸟的地方"都属于奥列格王公的。④ 靠利用和开发国家自然资源而发展起来的手工业,在一定程度上反映了古罗斯人对罗斯土地经营开发的加强。在这一过程中,首先是罗斯农民的生产力有所提升的结果,他们是当时社会的主要劳动阶级。

А. И. 雅科夫列夫在研究基辅罗斯地名录时,得到了一系列可以证明当时居民从事"农业和手工业"生产活动的词汇(麦场、未收割的田地、鲇鱼园等)。⑤

---

① Б. Д. Греков. *Киевская Русь*. М., 1953, с. 50.
② П. Н. Третьяков. *Сельское Хозяйство и Промыслы*. Сб. История Культуры Древней Руси. т. *1*. М. -Л., 1948, сс. 72 – 77.
③ М. Н. Тихомиров. *Пособие для изучения Русской Правды*. М., 1953, сс. 104. 83.
④ *Повесть Временных Лет*. с. 43.
⑤ А. И. Яковлев. *Холопство и Холопы в Московском Государстве* XⅦ в.. М. -Л., 1943, с. 299.

地域村社是古罗斯农民社会生活的主要形式，它们的名称为"мир"和"вервь"。在《罗斯法典》中指出，"вервь"是指连坐村社。在《大法典》(*Пространной Правде*) 中可以看到，"вервь"村社对追逐窃贼负有连带责任，人们（"别人"）有责任为避免对自己的怀疑而去追踪罪犯（"别人"），如果罪犯消失在没有村落的大路上，或消失在没有人烟的灌木丛中，那么村社可以不必为"盗窃"负责。在分布了多个村庄的较大区域里提到了"别人"，这就是《罗斯法典》中提到的比邻村社（针对一个村庄而言，其他的村社可以称为"别人"）。连坐村社是个集体，在它的内部已经存在着财产分配的不平等，并不是所有的成员都参加连环保。在自然经济条件下，区域村社保持了鲜明的封闭性和孤立性。"自己的世界"的观念很牢固。这样，只能在自己的土地上寻找失去的东西，而去别的土地上寻找是没有用的。

　　古罗斯民族的形成和封建化的过程也有着密切的联系。《罗斯法典》中的资料，以及编年体史书中都记载了 9—12 世纪的罗斯土地，绝大部分为王公、波雅尔贵族、教会所占有（村落、小村庄、手工业者村，等等）。[1] 在封建主那里，集中了大量的可耕地、草场等，并与村社自由农民的土地之间有明确的界限。考古学资料揭示了封建生产方式的发展，如通过对 9—10 世纪的切尔尼戈夫斯卡的古墓的研究，Б. А. 雷巴科夫得出了关于当时切尔尼戈夫斯卡公国存在着封建关系的结论。在这里没有统一的贵族墓地，波雅尔贵族的墓地分置在其统治的地区。这就表明，当时的封建社会存在着一个掌管土地的集体，那就是军事贵族和他们的仆从。[2]

　　随着封建土地私有制的发展，大面积的土地集中到统治阶级的手中，开始对直接生产者——农民阶级的剥削和奴役。古罗斯通过劳役地租和实物地租形式的剥削，存在着不同等级的依附农民（债务农

---

[1] Б. Д. Греков. *Киевская Русь*. М., 1953, сс. 135 – 138.

[2] Б. А. Рыбаков. Древности Чернигова. *Материалы и Исследования по Археологии СССР*. 1949 (11), с. 52.

等）。同时还保存着少量奴隶制劳动的残余（奴仆、奴隶），在封建经济中发挥着一定的作用。采用奴隶劳作大部分发生得较早，一般处于自由村社农民受到封建国家的征贡剥削之前。后来，基辅大公们将村社农民的土地转让给自己的侍卫。王公、波雅尔贵族、修道院僧侣对自由农民土地的侵占，使自由农民失去土地而沦为封建依附农民。封建生产关系的深化，封建剥削的加强引起人民群众的反抗，使阶级矛盾急剧尖锐化，反封建的农民运动逐渐发展起来。但是，封建经济基础的巩固，促进了对领地生产的掌控。在封建自然经济条件下，缺乏地域之间的联系，农民成了土地的附属品，农民运动往往带有地方性的特点。封建经济的自然属性成为民族经济统一发展无法逾越的阻碍。但在当时，封建制度还有它的进步意义，为生产力的发展提供了广阔空间。封建土地占有制的推广促进了向荒地的移民，将树林变成耕地，扩大了农业用地，从而，更大范围的民族地域被包括在古罗斯民族的经济生活中。这是依靠剥削农民的劳动实现的，他们生产的大部分产品归封建主所有，封建土地占有制的发展促进了村社生活和氏族制度的毁灭。

在自然经济框架中，手工业、城市、贸易的发展促进了经济联系的增强。尽管古罗斯农村家庭手工业还没有完全从农业中分离出来（从加工到定做的历史转变）[①]，但是在9—13世纪的城市，已在手工业领域已经逐渐趋于专业化。Б. А. 雷巴科夫指出了60多种手工业专业类别，尤其在冶铁、兵器、铸造、锻造、压模、压花纹、金银模压、金属拉丝、乌银艺术、镀金、镶嵌、细丝、搪瓷、陶器、玻璃制造、制革、木材加工、骨加工、石加工、建造等方面有很大的发展。[②]

罗斯的某些手工制品受到欧洲其他国家的青睐（如制锁、铠甲、骨雕刻品等）。城市里的手工业人，一边接受订货（有一系列签署订货人姓名的订单），一边面向市场。某些手工产品的规格开始统一化（如铁锁），并试图大批量的生产（如出现了铸造形式的仿制品），证

[①] Б. А. Рыбаков. *Ремесло Древней Руси.* М., 1948, с. 182.
[②] Там же. сс. 203 – 509.

明了城市手工业者与市场关系的确立，以及城市中商品生产的存在并没有消除封建经济基本的自然属性。

古罗斯农村仍处于自然经济之中，某些农村日用手工产品所满足的区域半径不超过 10—20 公里，而城市的手工产品满足的区域半径可达到 100—400 公里，只有个别形式的手工产品（纺车、玻璃手镯）可以满足更广阔区域的需要。① Б. А. 雷巴科夫指出，"纺车推广的范围基本上与罗斯居民的民族界限相重合……与基辅国家的政治疆界相重合"②。城市的小商贩（后来的货郎）将这些产品带到农村去销售；在城市中有市场，人们在那里进行食品和手工产品的买卖，外地的商人将自己的货物带到这里卖，由此建立了不同地域间的联系。③ 各种形式的金属符号（特别是冲模硬币的出现）④，以及在一些小的地方市场中存在的不稳定性，统一的度量衡制度的推广，成为贸易增长的指标。⑤

（二）封建主义早期产生的经济联系促进了古罗斯民族的形成

由于经济贸易的进一步发展，罗斯商人逐渐熟悉了河运体系。为了在河流上穿行，采用了木制的独木舟、木板船、平底船、诺夫哥罗德船，等等。在浅滩和危险的地方，人们用带有标记的石块作道路标识。船从一条河转到另一条河上要通过陆路，这时要用车轮或滚轴转移船体。后来出现了许多挖人工河的尝试，工程浩大，不易推行。陆路运输发展非常缓慢，运输工具为极其简陋的板车（кол）、拖板以及用马驮。在沼泽地则专门用秸秆或蓬草铺垫成"泽间小径"，以便人

---

① Б. А. Рыбаков. *Ремесло Древней Руси*. М., 1948, сс. 193, 481.

② Б. А. Рыбаков. Торговля и Торговые Пути. Сб. *История Культуры Древней Руси*. т. 1. М. - Л., 1948, с. 357.

③ Л. В. Данилова. В. Т. Пашуто. Товарное Производство на Руси（до ⅩⅦ в）. *Вопросы Истории*, 1954（1）, cc. 121 - 123.

④ Б. А. Романов. Деньги и Денежное Обращение. Сб. *История Культуры Древней Руси*. т. 1. М. -Л., 1948, c. 381.

⑤ Л. В. Черепнин. *Русская Метрология*. М., 1944, сс. 17 - 40.

和货物通过。① 在军事远征时专门铺设了道路。陆路交通发展滞后，成为阻碍建立区域联系的现实因素。

随着与阿拉伯哈里发、拜占庭国家贸易的联系不断增加，古罗斯民族得到了西欧各国的广泛关注。但是，外贸没有瓦解封建经济的自然基础，因为外贸货物都是居民以贡赋和租金的形式上缴的农畜产品。同时，封建主和上层贵族的需要数量有限，对封建经济基础并不构成威胁。

外贸的发展对罗斯向海洋推进有着重要意义。古罗斯人接近海洋，进而控制它的海岸——这是古罗斯民族形成过程中的重要因素。罗斯商人在黑海、亚速海、里海、波罗的海上穿行。霍尔达德别二世（9世纪）描述道，"罗斯商人——他们是斯拉夫民族"，他们从斯拉沃宁来到鲁姆（黑）海，或乘船沿斯拉沃宁河，经过哈扎拉人的都城，来到里海。②

阿拉伯人称黑海为"罗斯海"，按照10世纪马苏季的话说："除了他们（罗斯人）没有人在这个海上航行，他们住在它的一侧海岸上。"③ 11—12世纪西欧的史料中，黑海也有"罗斯海"的称号④，这与《往年纪事》中的记载相符。⑤ 罗斯军队的海上远征对向海洋推进有重要意义。

11—13世纪是古罗斯城市历史发展的重要时期。如果说在《罗斯法典》简编中对城市几乎没有提及，那么在《罗斯法典》长编中，城市问题得到了充分的关注。М. Н. 季霍米罗夫列举了在鞑靼—蒙古人侵之前的文献中提到的224个城市居民点的名称。当然，并不是所有的城市都是手工业和贸易中心，有些就是纯粹的要塞和封建主的城堡。但是，在所有城市中可以确定的是，它们都有大规模的工商业，那里

---

① Н. Н. Воронин. *Средства и Пути сообщения. Сб. История Культуры Древней Руси. т. 1.* М. - Л.，1948，с. 280.

② А. Я. Гаркави. *Сказания Мусульманских Писателей о Славянах и Русских（с Половины Ⅶ в. До Конца Ⅹ в. По р. х.）*. СПб，1870，с. 49.

③ А. Я. Гаркави. *Сказания Мусульманских Писателей о Славянах и Русских（с Половины Ⅶ в. до конца Ⅹ в. по р. х.）*. СПб，1870，с. 130.

④ М. С. Грущевский. *Киевская Русь.*. СПб，1911，с. 349.

⑤ *Повесть Временных Лет*，с. 12.

住着商人和手工业者。城市工商业的发展与社会劳动分工的发展有着密切的联系,与手工业从农业中分离这一社会大分工更有直接联系。农村人、逃跑的农奴、奴隶,补充着城市的人口。关于此事,10—11世纪的编年史作者季特马尔·梅尔泽布尔格斯基特别提到过,大城市(基辅、诺夫哥罗德)的人口在其繁荣时期达到了近万人。①

城市中既有自由的手工业人,又有依附于封建主(世袭领主)的手工业者。在这个特殊的社会阶层中,商人的地位凸显出来,他们的上层作为"客商",与外国进行贸易。古罗斯城市产生了手工业者和商人的联合,尽管他们没有达到像西欧行会那样的发展水平。"黑"、"白"神职人员在城市人口中占一定数量,波雅尔贵族和大商人成为城市中的贵族阶层。

城市成为罗斯的经济、政治中心。城市的发展加速了氏族宗法关系残余的消亡。城市居民的分布一般是受阶级身份的影响,自古就存在"贵族'山'和民主'低地'"之说,就是说贵族一般住在高处,住在山上,而平民百姓一般住在低处,住在平原上。城市居民的分布也与职业有关,同行的手工业者往往集居在一起。城市管理则按照地域原则组织城市民团。城市市民大会是手工艺者和商人集会的地方,他们共同向封建上层和大公政权提出自己的要求,在城市的集市中包含区域间的贸易联系。

(三) 封建统治对民族形成的意义

早期封建国家在古罗斯民族的形成过程中发挥了重要作用(当然,不是决定作用),在统治阶级的利益范围内,促进了东斯拉夫人地域的联合和氏族残余的消除。在封建生产方式确立时期,年轻的、形成中的封建主阶级需要团结力量,以巩固自身对土地的占有和对广大农民的奴役。当时的封建国家和政权及其所履行的职能是与当时的封建自然经济的基础基本相适应,不过要有一个长期的从小到大、从

---

① М. Н. Тихомиров. *Древнерусские Города*. М., 1956, cc. 27 – 141.

低到高的发展过程。

  А. Н. 纳索诺夫认为，在古罗斯国家领土形成过程中，审判和贡赋制度发挥了重要作用。他指出，10—11 世纪，这一制度并没有在整个罗斯土地得到推广，因此，"早熟"的基辅国家，并不是坚如"磐石"，是"不稳定的统一"，它"联合了分散在东欧平原上的广阔空间"，即是"不完整的"统一。在这个广阔地域的内部，还有很多地区实际上没有建立国家政权，在个别地区制度的推广也是有名无实或不够正规的。①

  需要指出的是，形成古罗斯民族的东斯拉夫人居住的古罗斯国家的领土，首先在民族联系上是统一的，在这一点上古罗斯国家与西欧以部落和民族的混合体为基础的矮子丕平与查理大帝的帝国是有区别的。②

  在相对统一的国家中，审判和贡赋制度的推广起到巩固罗斯领土的作用，使居民从属于封建阶级的国家政权。国家的"联合"首先表现在它加快了东斯拉夫的民族团结，类似的过程也曾出现在西欧查理大帝帝国时期。

  国家政权的作用表现在，为收复被游牧民族（佩彻涅格人、波洛伏齐人）、西欧封建主（波兰、匈牙利等）占据的罗斯的民族领地，以及兼并新领地而组织的军事远征中。在组织远征时，大公们为了封建国家和封建主们的利益，利用了人民反对入侵者的自发的斗争，并在组织军事力量时试图依靠民兵。

  基辅大公的军队的数量达到数千人，甚至近万人。希腊历史学家列夫·季阿科恩指出，斯维亚托斯拉夫大公在远征巴尔干时，组织了 6 万名勇士，其中除了辎重兵，还有城市手工业者。斯维亚托斯拉夫大公向拜占庭人展示自己的队伍时说，他们"不是仅靠自己的劳动生

---

① А. Н. Насонов. *Русская Земля и Образование Территории Древнерусского Государства*. М., 1951, с. 25.
② А. П. Левандовский. Об Этническом Составе Империи Каролингов. *Вопросы Истории*, 1952（7），с. 127.

存的贫苦的手工业者,他们是用手中的武器赶走敌人的英勇的军队"①。这样,军事活动的发展促进了古罗斯民族的形成。在远征时,民兵在罗斯军队中占大多数,他们之中间不仅有地域和文化联系,而且还为了同一政治目标参加共同的军事行动。这些都是构成未来民族特征的条件。

防御工事的建造(特别是在南方)② 成为促进罗斯国家对民族领地进行有效掌控的因素。在 11 世纪初,驻基辅罗斯的大主教布鲁农,曾向日耳曼帝国皇帝亨利二世写道:"古罗斯国家的南部边界在各个方向上都有最坚固的堡垒以防御敌人(佩彻涅格人)的入侵。"③ 10 世纪末,罗斯王公弗拉基米尔为阻止佩彻涅格人的入侵,在杰斯纳河、沃斯特林河、特鲁别日河、苏拉河、斯图格涅河等河岸上都修建了堡垒。这件事在年鉴上有明确的记载,年鉴中补充说:"从斯洛维涅人、克里维奇人、丘季人、维亚迪奇人中来的,以及从城市中来的那些最优秀的男人,开始修筑。"④ 这样,从罗斯各个地区来的人,不断迁居到这些城市中来。

(四) 基督教对基辅罗斯的意义

宗教作为人类早期社会一种确定的信仰,是中世纪民族特征之一。这种特征,从某种意义上说,在民族历史中表现为某种消极因素,那就是因为教会为了自身和统治阶级的经济利益和政治利益在信徒中强制培植宗教思想,促使"教徒"与"非教徒"之间形成人为的对立,促使各个民族处于孤立与封闭之中,往往引起不同民族之间反目。在当时,中世纪民族处于早期,宗教特征在他们的命运中或多或少地发挥着某种积极的(正面的)作用。例如,团结共同信仰的民族反对侵

---

① Д. Поповым. *История Льва Диакона КаЛойского и Другие Сочинения Византийских Писателей... Переведенные с Греческого на Российский Язык*. СПб, 1820, с. 39.

② Н. Н. Воронин. *Крепостные Сооружения*. Сб. *История Культуры Древней Руси. т.* 1. М. -Л, 1948, с. 441.

③ *Университетские Известия*. Киев, 1873, No. 8, с. 7.

④ К. В. Кудряшов. *Половецкая Степь*. М., 1948, сс. 127 – 129.

略者的斗争，以摆脱民族压迫，争取民族解放。

在古罗斯的文献中，可以发现"基督徒"与"非基督徒"之间的对立。这在某种意义上是罗斯农民利用原始多神教信仰反对信仰一神教的罗斯统治阶级，与罗斯国内阶级对立和阶级斗争有关。从民族对立的角度出发，教会的圣经和圣书等宗教宣传方面充分表现了罗斯民族与游牧民族的世纪对立。例如，《往年纪事》中记载了1060年罗斯对突厥人（土耳其人）的胜利，并强调"上帝拯救了游牧人"。1061年，在记载了关于波洛伏齐人的侵袭后，年鉴编撰者写道："这是来自游牧民族和不信上帝的敌人的罪恶。"① 在1068年时写道："罪孽为了使我们的上帝放弃那些污浊的人，从而使罗斯大公逃走，使波洛伏齐人取得胜利。""奥列格和鲍里斯将污浊的人引到了罗斯土地上"，在1078年的记载中我们可以读到这样的话。②

在很多时候，"基督徒"和"农民"这两个术语，在古罗斯文献中表示相同的含义，那就是"古罗斯民族"。大公们常说："为了农民和罗斯土地，我愿意把我的头颅献给上帝。"③ 提及有关"基督徒"的古文献，有罗斯人的，也有东正教斯拉夫居民的。例如，在称呼伏尔加河流域的保加尔人时，编撰者强调："他们操着另一种语言，不是罗斯人，是基督徒。"④ 在宗教的作用下，出现了民族的统一和古罗斯民族历史命运的同一性。

"基督徒"——"农民"与"操拉丁语民族"的对立。如在1069年左右，佩彻拉修道院僧侣费奥多西向伊兹雅斯拉夫·雅罗斯拉维奇提交的咨文中，提到"农民的信仰"和"拉丁语民族"，其中所描写的中世纪宗教精神中不能容忍的行为，在维护罗斯民族独立的战争中发挥了决定性作用，因为它表现出反对伊兹雅斯拉夫把波兰封建贵族

---

① Повесть Временных Лет. с. 109.
② Там же. сс. 112, 132.
③ ПСРЛ. СПб, 1908, с. 538.
④ ПСРЛ. Л., 1927, с. 452.

引到罗斯来。①

（五）民族形成在阶级斗争中的体现

在9—12世纪初这段时间里，古罗斯的阶级斗争带有反封建意识形态的性质，使一切行动都表现得更加尖锐。这个尖锐的阶级矛盾，在反封建运动中找到了自己的表现形式。在这些激烈的农民斗争过程中，有时迫使王公和封建主阶级不得不在一定程度上减轻剥削和压迫，有利于农民生活的改善，摧毁氏族制的残余，在更广阔范围内建立起新的经济联系。它将有利于封建生产方式的巩固和发展。在这个意义上，研究古罗斯民族形成的过程，不应该忽视阶级斗争的历史作用。

俄罗斯学术界对封建主义时期反封建的表现形式和主要时期都有很好的研究。但如果农民运动的自发性、分散性、地域局限性对于整个封建社会都是典型特征的话，那么有理由相信，在古罗斯早期封建国家存在时期，小规模农民运动，乃至具有更大区域范围的大规模农民运动在体现上述属性方面都是最为鲜明的。以此来解释，早期封建国家的封建主阶级以大规模的占有公社土地，压迫公社自由农民作为手段，组成了不稳固的庞大的封建领地。

农民运动带有从众性。如根据年鉴记载，在1071年左右，罗斯托夫地区的农民起义，沿伏尔加河一直蔓延到白湖地区，并在那里聚集了300多人。11世纪60年代末70年代初，城市和农村的农民起义波及相当广阔的古罗斯领土（基辅、苏兹达里—罗斯托夫、诺夫哥罗德）。

在城市运动方面，从事手工业作坊和贸易的居民（仆人、学徒）联合起来反对大公和封建主，并提出了自己的要求。1068年基辅起义，市民们极力地营救监审中的同伴。起义的市民高呼："我们走，

---

① Л. В. Черепнин. Исторические Условия Формирования Русской Народности до Конца XV в. Сб. Вопросы Формирования Русской Народности и Нации. Издательство Академии Наук СССР. М. -Л., 1958, с. 40.

让我们把伙伴从地窖中解救出来。"① 在起义的时候，城市与农村之间开始建立联系。1068 年和 1113 年的基辅起义就是如此。②

反封建运动（特别是城市）常常带有民族解放斗争的性质，矛头指向外国侵夺者。1069 年，当伊兹雅斯拉夫将波兰军队引入罗斯时，人民开始反击侵夺者举行起义。③

因为基督教会在意识形态上使新的封建制度神圣化，而教会主教和机构本身也是大封建土地所有者，因此反封建运动常常表现为多神教与基督教的斗争，那些术士在其中起领导作用。有趣的是，一方面，基督教教会的宣传极力把术士们的行为描绘成威胁罗斯土地完整的活动，即在自己阶级利益的基础上运用"罗斯土地"的思想。1071 年，在记述基辅起义之后和描绘农民运动之前，年代记中都提到了术士的预言，他预见："把土地出卖给别的地方是一种罪恶，它们成为希腊人的土地，那时土地将会改变。"另一方面，基辅人反对基辅大公伊兹雅斯拉夫的标志，是他们扬言将伊兹雅斯拉夫带来的波兰军队赶回"希腊土地"，"如果土地变成了波兰人的土地，那么我们将不情愿地烧掉自己的庄稼，攻入希腊土地"。④ 这样，"罗斯土地"的观念清晰地表现在公民的言谈中。

综上所述，在 9—12 世纪的古罗斯时期，古罗斯民族在各种因素的作用下业已形成。当然，古罗斯民族作为古代民族，相对现代民族而言，具有很多不稳定、不完全的特征，体现出一定的历史局限性。笔者认为，这些不稳定、不完全的特征应视为古罗斯民族形成后所具有的特点。

---

① М. Н. Тихомиров. *Древнерусские Города.* М.，1956，сс. 185–213.
② Н. Н. Воронин. *Восстание Смердов в XI веке.* Исторический Журнал. 1940. No. 2. сс. 59–61.
③ *Повесть Временных Лет.* с. 116.
④ *Повесть Временных Лет.* с. 116.

古罗斯国家的发展

一 古罗斯民族的文化发展问题

统一的民族心理意识是判断民族形成的重要指标。古罗斯国家的建立在一定程度上统一了古罗斯居民的思想，使他们产生了同一民族的心理意识。由此可见，在古罗斯国家封建割据时期，古罗斯民族已经形成，但是作为古代民族，相对现代民族还有很多不稳定、不完全的特征，体现出一定的历史局限性。这一局限性具体体现在：古罗斯民众在长期的生产、生活、作战过程中，逐渐实现了文化的融合，但是，因为这个过程是非常漫长且复杂的。同时由于封建割据和蒙古鞑靼人的入侵使古罗斯民族未能建立起完整的文化体系，体现出了历史的局限性。同时，古罗斯语言的发展也存在着一些不稳定的因素，方言和统一古罗斯语处于交错发展的状态之中。笔者认为，这在某种程度上应视为古罗斯民族的形成特点。

（一）古罗斯民族文化体系的形成特点

由于文化哲学和历史哲学逐步摆脱了欧洲中心主义的思维框架和单线进化论，使人们逐渐认识到世界文化的丰富性、多样性、殊异性，以及不同文化的相对性，逐渐认同了不同人种、种族在不同地理生态环境下表现出来的非凡的文化创造能力。这一切为文化类型学的产生提供了可能。所谓"文化类型"，就是根据选择出的由一系列相互作用的特征构成的文化体系来进行的文化分类。也就是说，由于不同文化体系的结构和功能有较大的差异性,因此表现为不同的文化形态或文化类型。[①] 人类学、文化学和历史学在考察文化类型时,多注重各文化体系结构的整合状态及这一结构的核心——风俗习惯和文化心理,以此对各民族的文化精神、价值体系等加以区别,从比较中挖掘深层的独具特色的民族文化心理和民族文化精神。学者们认为,不同民族由于受到各自生存环境等诸多因素的影响,进而出现文化心理迥异,因此形成各自不同的文化体系,并最终表现出不同的文化类型特征。如果根据这一现代理论我们对古罗斯民族的文化形成特点进行考量,笔者认为,由于古罗斯民族文化的发展特点,即没有形成完整的文化体系,使得我们无法准确地判断其所属的文化类型。这一结论对我们进一步认识古罗斯民族形成特点具有重要的意义。

9—12世纪正是古罗斯民族文化体系的形成时期,而后由于封建割据和外来蒙古鞑靼人的入侵影响,使古罗斯民族文化体系的形成过程遭到了阻滞,以致完整的古罗斯民族文化体系仍没有建立起来。这在一定程度上就决定了古罗斯民族文化的非类型性特征,即在古罗斯民族文化体系尚未建立起来的基础上,无法确定其所属的文化类型。这里所说的"非类型"是相对上述"文化类型"的特征而提出的。

至于古罗斯民族文化体系尚未建立的论断,我们可以通过以下三点来加以证实:一是古罗斯民族文化形成过程异常复杂。

第一,其复杂性表现为其构成成分复杂。古罗斯民族究其产生的方式来讲,它属于国家民族,即由于古罗斯国家的建立而致使其统治范围内的人群形成同一民族的历史过程。这就是说,古罗斯民族文化形成的过程是多种不同文化相互斗争和融合的过程,不是简单的继承关系。这就大大地将古罗斯民族文化体系的形成过程复杂化了。当时,参与到古罗斯民族文化形成过程中的不同文化群体主要有三类:(1) 当地的斯拉夫人原住民文化,按照《往年纪事》的记载有近12个斯拉夫人部落或部落联盟与古罗斯民族形成有关,即波利安人、德

[①] 郭齐勇:《文化的比较类型学研究》,《江汉论坛》1989年第8期。

列夫利安人、德列戈维奇人、拉基米奇人、维亚迪奇人、克里维奇人、斯洛维涅人、杜列布人（沃伦人和布格人）、白霍尔瓦特人、塞维利安人、乌利奇人和底维尔人，而他们所表现出的文化特征是古罗斯民族文化形成的基础；（2）来自北欧的瓦兰吉亚人文化，他们在8世纪中叶就在东欧平原上建立了第一个驿站——古拉多加城，与当地的原住民展开交往。在古罗斯国家建立之初，瓦兰吉亚人成为古罗斯人的主要构成群体。随着上述12个斯拉夫群体逐渐进入古罗斯国家统治范围内，瓦兰吉亚人所占的比重明显地下降了。但瓦兰吉亚人在古罗斯民族及文化形成过程中的历史地位及作用是不容忽视的，这是由古罗斯民族的国家民族性质所决定的。（3）除了上述主要人群外，还有一些周边的游牧民族，以及来自拜占庭、阿拉伯世界的居民，他们或是以抢掠的形式，或是以经商的形式，抑或是以传教的形式来到东欧平原，致使东欧平原上的民族成分异常复杂，文化表现丰富多彩。古罗斯民族文化正是在这样一个多民族的文化氛围中逐步形成的，其中伴随着复杂的文化冲突和融合过程。

第二，其复杂性表现为古罗斯民族文化形成过程十分漫长。

多元的古罗斯民族文化所表现出来的冲突性并不十分激烈，各自都有相对宽松的发展空间。究其原因主要有以下三点：（1）构成古罗斯民族的斯拉夫人群之间即便存在各自不同的文化特征，但是他们彼此之间存在相互沟通的文化基础，即原始斯拉夫文化；（2）构成古罗斯民族文化的斯拉夫文化与非斯拉夫文化之间存在着质的不同，但是他们之间的矛盾冲突被加以限制了，主要是通过组织军队从事军事远征的方式来实现的。《往年纪事》中记载了基辅罗斯的早期历史事件，描绘了奥列格、伊格尔等人的远征。其中大公的亲兵队是主要组成部分，其次还包括一些斯拉夫和非斯拉夫的部落。在奥列格的军队中有很多瓦兰吉亚人、楚德人、斯洛维涅人、默里亚族人、克里维奇人。奥列格向希腊远征时，军队中有大量的瓦兰吉亚人、斯洛维涅人、楚德人、默里亚族人、克里维奇人、杰列夫良人、拉基米奇人、波利安人、塞维里安人、谢韦尔人、维亚迪奇人、克罗地亚人、杜列布人、底维尔人，年鉴记录得十分详细。① 伊格尔的军队中汇集了很多瓦兰吉亚人、罗斯人、波利安人、斯洛维涅人、克里维奇人、底维尔人、佩彻涅格人远征希腊。可以说，战争在客观上起到缓和军队内部不同民族之间的文化冲突，加速军队内部民族融合的作用。在后来有关军事事件的记载中，就没有关于上述族群的资料了，都用"русь"这个词指代罗斯军队（如《往年纪事》中记载佩彻涅格人逃窜时说：罗斯军人追赶，并追上了），这时民族、文化成分复杂的古罗斯民族已经开始形成。(3) 古罗斯国家统治的松散状态，使得辖区内存在着相对的独立性，各民族文化存在着相对宽松的发展空间。古罗斯国家的统治主要是通过大公的亲兵队来维持，并受到其数量的限制，无法对归属地区实现有效的管理。因此，大公多将归属地的原住部落或部落联盟首领任命为地方统帅，类似我们今天所说的"以夷治夷"的统治方式。这样，对各民族文化的发展来说，实际上是最大限度地保存了其自身发展的空间，而没有以高压的形式来抑制其发展，最终的结果就是统治阶级上层主流文化与地方文化处于相对独立的发展空间，彼此之间不存在人为的冲突，彼此之间的冲突和融合过程也就显得不那么激烈。988 年基辅大公弗拉基米尔接受了东正教，并把它定为国教，强迫基辅居民皈依东正教。这一举措对于罗斯国家和民族具有重要意义。东正教是一神教，这一文化形式是与封建经济基础，与王公一长制的政治制度完全相适应的。但是要古罗斯居民完全接受这一宗教信仰是一个长期复杂的斗争过程。弗拉基米尔不可能在短时间内废除所有居民的多神教信仰而真心皈依东正教。更确切地说，他还将原始宗教中的某些神灵与东正教的神灵共同摆放在一起，供民众朝拜。可以说，在整个古罗斯时期，东正教与原始宗教是同时存在的。之前我们提到的人类学、文化学和历史学在考察文化类型时，多注重各文化体系结构的整合状态及这一结构的核心——风俗习惯和文化心理，从比较中挖掘深层的、独具特色的民族文化心理和民族文化精神。那么此

---

① 王钺：《往年纪事译注》，甘肃民族出版社 1994 年版，第 64、94 页。

时，古罗斯民族的文化心理、文化精神还尚需时间来加以统一。

第三，古罗斯民族文化仍处于形成发展阶段。首先，其表现为外部文化特征与本土文化特征仍处于逐步融合过程中。受到俄罗斯中世纪早期文化特点和研究条件的限制，这方面的论据多集中在对古罗斯文字和对陶器的研究中。古罗斯时期的许多书面作品是用教会斯拉夫语写成的，其他文献则是用古罗斯语写成的，因此应该区分好古教会斯拉夫语和古罗斯语；还有一种文献是用两种语言混合写成的。而这一切都是在拜占庭传教士美多德和基里尔兄弟在9世纪创建基里尔字母和格拉哥里字母[①]之后，古罗斯文字才开始出现和发展的。一项关于11世纪拜占庭编年史的古罗斯语译本与其希腊原文的比较研究显示，80%的希腊语词汇在古罗斯语中有相对应的精确词汇，[②] 还有20%的词汇仍属于外来语。

这期间，古罗斯文学包括口头创作和书面作品两种。大多数学者认为，书面文学的发展与古罗斯人皈依东正教有着密切关系。因为，这一时期的编年史多是由修道士写成的，而且强烈反映了东正教对古罗斯文明的基本看法。而古罗斯时期的建筑分为木质建筑和石砌建筑。其中，石砌建筑也与皈依东正教有关，受到拜占庭的深刻影响，但绝对不是简单的照搬。可以肯定地说，在模仿的基础上有所创造，构成了古罗斯民族文化史的基本内核，而模仿和创造的过程就是外来文化因素与本土文化因素相互结合的过程。

另外，古罗斯史诗与伊朗史诗之间的关系，东斯拉夫人音乐的音阶和某些突厥部落的音阶之间的关系，古罗斯装饰艺术的发展与斯基台人（西徐亚人）、拜占庭以及伊斯兰的某些图案之间的关系等，总的来说，这些外来文化因素刺激了本土文化的发展。由此得出结论：古罗斯民族处于文化的交汇点上，而非文化边缘。外来文化与本土文

[①] 泽齐娜·M.P.、科什曼·Л.B.等：《俄罗斯民族文化史》，刘文飞等译，上海译文出版社1999年版，第17页。

[②] 尼古拉·梁赞诺夫斯基、马克·斯坦伯格：《俄罗斯史》，杨烨等译，上海人民出版社2007年版，第49—55页。

化的融合是古罗斯民族文化体系形成过程中必然经历的历史阶段。正像历史学家、哲学家 M. Я. 格夫捷尔指出的那样:"俄罗斯是世界之中的世界。"① 即俄罗斯民族文化是多样性的统一。应该说,在俄罗斯民族文化起源之前,存在着多种不同源流的文化在古罗斯民族精神空间中进行着激烈的碰撞,如斯拉夫文化、北欧海盗文化、游牧文化、拜占庭文化、伊朗文化、阿拉伯伊斯兰文化等,都与古罗斯民族文化发生或多或少的关系。所以古罗斯文化中包含着纷繁复杂的因素。正因如此,也产生了一系列古罗斯民族文化所特有的现象,如拉多加文化类型陶器。这个拉多加文化类型陶器就是北欧文化与东欧本土文化结合的产物,现代考古学通过对拉多加城发掘出土的文物鉴定,发现了既包含北欧文化因素,又包含东欧本土文化因素的文化衍生物——拉多加类型陶器。

其次,在考古成果中发现,具有古罗斯民族文化特点的文化表现形式在东欧逐步传播,即文化表现形式从一地向多地发展传播。现代考古发掘成果可以进一步证实,仅以木质物品这种文化表现形式为例,该文化形式从一地向多地发展的历史过程,即从古拉多加城到后来的诺夫哥罗德等地区发展的历史过程。

应该说,在俄罗斯民族传统文化的表现形式中,我们可以找到各种各样的由木头和桦树皮制成的物品。而这种传统文化的表现形式同样有着悠久的历史。如果按照俄罗斯考古学家 Б. А. 科尔钦的说法,"对诺夫哥罗德城的考古发掘揭开了古罗斯时期木制物品不为人知的世纪",那么拉多加城的考古资料则证明了自己在俄罗斯中世纪"木制时代"出现前就已经拥有大量木制品。在现代考古发掘拉多加古城遗迹的过程中,人们找到了 100 余件木制的物品,其中 85% 的物品属于 750—830 年。通过将 8 世纪至 9 世纪初期拉多加城木制品与 10 世纪后半期至 15 世纪的古罗斯各地木制品进行比较,发现它们在制作的工艺上几乎完全相同。② 可见,拉多加城的木质物品与之后在诺夫哥

---

① 朱达秋、周力:《俄罗斯民族文化论》,重庆出版社 2004 年版,第 9—10 页。
② Давидан О. И. Деревянная Посуда Старой Ладоги Ⅷ—Ⅸ вв. Л., 1991, cc. 131-135.

罗德等地相继出现的木质物品之间存在着历史连续性。尽管我们当前还无法确认是否在其他地方也存在与拉多加城同时期的木质物品，即无法确认拉多加城是最初的"一地"，还是"多地"之一。但是，拉多加城的木质物品与后来出现的"木质时代"的联系是显而易见的。由此我们可以这样认为，古罗斯时期一些局部发展的文化表现形式正在向更大范围内推广，逐渐被越来越多的人群所接受，并最终被继承下来。

第四，古罗斯民族文化体系形成过程因外部因素而阻断。统一的文化实践空间对于统一文化体系的形成很重要。从11世纪中叶开始，统一的古罗斯国家开始分裂，产生了基辅、诺夫哥罗德、车尔尼采夫、加利次、斯摩棱斯克、沃伦斯克、梁赞、波洛次克等十几个小公国，并开始火拼。这些小公国的王公或诸侯割据一方，各自主宰一切，独自处理包括军事、政治、司法、经济等各种事务。这种封建割据状态无形地分割了统一的文化实践空间，极大地阻碍了统一文化体系的形成。随后，蒙古鞑靼人的入侵更是打破了统一的文化实践空间，到1240年蒙古鞑靼人基本上占领了古罗斯全境，除了东北部的普斯科夫、诺夫哥罗德外，都驻扎了蒙古军队。为了便于统治，蒙古鞑靼人策划了各古罗斯王公间的争斗。《多桑蒙古史》记载："先树立傀儡政权，使俄罗斯诸王互争，以巩固蒙古人的统治，继而用专横残暴的方式，对待俄罗斯人。"[①] 统一文化实践空间的破坏，其结果就是变相地加强了局部区域的文化整合过程。俄罗斯民族文化正是在这样一个背景下，由以莫斯科为中心的西北部区域内的文化群体为主体，形成发展而来。由此可见，古罗斯民族文化的构成状况是非常复杂、多样的，并且受到所涉及人群之间交往程度的限制，越发显得局部特征比较突出。这是由古罗斯民族文化发展的历史局限性所决定的。

当然，这里需要指出的是，由于古罗斯民族文化群体众多，所处地域比较广阔，某一具体的文化表现形式尚处于不断发展传播过程中，

---

① 徐景学：《俄国史稿》，中国经济出版社1989年版，第31页。

就整个古罗斯民族文化体系而言更不是朝夕之事。加之封建割据和外来蒙古鞑靼人的入侵，使得古罗斯民族文化体系仍处于形成发展阶段，也就是说，我们无法在未形成文化体系的条件下确定古罗斯民族文化所属的文化类型。而这也就成了古罗斯民族形成后所具有的与其他民族的不同特征。

（二）区域性的多民族统一文化特征已经形成——以沃尔霍夫河流域文明为例

沃尔霍夫河发源于伊尔门湖，注入拉多加湖，全长224公里。位于欧俄的西北部，现流经诺夫哥罗德和圣彼得堡地区，流域面积80200余平方公里。中世纪早期，沃尔霍夫河水系曾加入南北贸易的大水路通道之中，成为东欧西北部地区海运（波罗的海）转河运最先涉足的水域。可以说，沃尔霍夫河的社会属性也由此得以彰显，独特的地理位置使波罗的海文化世界和大陆文化世界在此交汇。

近年来，随着俄罗斯学术界对俄罗斯文化起源问题的探究，俄罗斯西北部地区的文化特征越来越受到学术界的重视。2005年至今，俄罗斯考古学界对西北部地区，特别是沃尔霍夫河流域地区进行了多次考古发掘。其中，仅在沃尔霍夫河河底就发现了数千件属于12—17世纪的珍贵文物。① 文物中不乏保存完整的中世纪陶器器皿，当然更多的是陶器的碎片。除此之外，还有大量不同类型的锁、刀、斧子和其他建筑工具，船舶器具和武器。还有一些十字架、圣像、印章、铅封，以及珠宝饰物等。俄罗斯学术界称这一系列考古发掘活动是"史无前例的"，而发掘的成果是令人"震惊的"。但对于整个沃尔霍夫河流域中世纪文明来说，这些考古发掘文物实在是太微小了。无论是从文物的历史年代来看，还是从文物的种类、品质来看，它们都无法反映出沃尔霍夫河流域早期文明的全貌。限于考古资料的相对缺乏，我们当前仍无法对沃尔霍夫河流域早期文明形成更为全面的、科学的认识。

---

① Археологи Нашли на Дне Реки Волхов Наконечники Древних Стрел, *РИА Новости*, 2008年3月4日, http://www.gzt.ru/science/2008/03/04/171916.html.

由此，笔者想以深入剖析沃尔霍夫河流域内的一个点——拉多加城，试揭示中世纪早期沃尔霍夫河流域的部分文化特点，试图达到窥一斑而知全豹的目的。

拉多加城位于东北欧拉多加湖南岸，沃尔霍夫河注入拉多加湖的河口处左侧，其西是拉多加湖流入波罗的海的涅瓦河。俄罗斯学术界关于拉多加城的研究活动很早就开展起来了。有针对性的大规模考古发掘活动也曾在 1908—1913 年、1939—1959 年和 1972 年陆续展开。随着研究者对所发掘出的文物进行深入的研究，拉多加城在俄罗斯国家早期历史中的地位和作用逐渐凸显出来。笔者也正是从这一点出发，将拉多加城作为沃尔霍夫河流域内的一个具有代表性的点来加以阐述。

首先是相对先进的生产实践。就整个中世纪早期的沃尔霍夫河流域而言，社会生产力是非常落后的。原驻的斯拉夫各部落及其联盟正处于逐步解体的原始公社制阶段。9 世纪，大体上与东斯拉夫人处于相同社会阶段的斯堪的纳维亚人，在沃尔霍夫河流域下游定居下来，在这一地区斯堪的纳维亚人和东斯拉夫人，以及拉多加城附近的芬兰人生活在一起。可以说这是外部相对较高的生产力与东欧北部地区的最早接触。现代考古学资料和古钱学资料证明此时伏尔加河和第聂伯河这两条水路还没有发挥效用。因此，拉多加城的早期生产实践相对沃尔霍夫河流域，乃至整个东欧北部地区而言，都应该是同一社会阶段相对较高的，所以二者才能一拍即合，在一起生活，干同样的事业。

对于拉多加城的早期生产实践和文化生活来说，相对完整地保存下来的那些居住、经营的场所，成为良好的研究素材。А. Н. 基尔皮奇尼科夫曾对一系列关于这些"大屋"的早期研究资料进行编制整理。其中：3 号建筑（750—760 年），有两把刀、磨石、碎皮头、木制的桶箍、桦树皮制成的集水槽、青铜扣针、骨制的梳子、12 个珠串、涂料；4 号建筑（770—810 年），有两个斧头、铁钩、三把刀、两块磨石、两个桦树皮制成的集水槽、木制的铲、陶器的碎片、涂料；6 号建筑（840—850 年），有陶器碎片、一块琥珀、16 个珠串、碎皮革、绳索、桦树皮文献、手工木制品、涂料；8 号建筑坐落在瓦兰吉亚街（10世纪后半期），其中有陶器残片、两个纺车、梳子的碎片、磨石、铅坠、碎绳索、玻璃珠串；7号建筑（840—850年），A. B. 索罗维约夫根据 A. H. 基尔皮奇尼科夫的描述，认为这个建筑属于公爵的侍卫队室，其中找到了两块琥珀、30个左右的珠串、骨针、锯断的犄角、两块磨石、箭镞、碎皮革、碎绳索、木制的器皿、铅坠、滑板、碎陶器、涂料、模子、矿渣。还发现了一根刻有北欧古代文字的木棒。通过与同时期其他东欧平原上的城镇相比，当时拉多加城的手工制造业是比较先进的。但是，这些发掘出的文物还无法展现出当时拉多加人生产实践的全貌。①

关于早期拉多加人的生产活动，在1984年得到了进一步的补充。对3号庄园地块（810—830年）的考古发掘，使研究者们认为，居住在这里的人从事着专业的手工作坊生产。主要从事熔炼玻璃、珠串制作和琥珀加工。这个木榫结构的建筑大约16平方米，角落里带有石砌的炉灶，8个木制的日常用品，用树的韧皮编成的绳索的碎片，磨石、纺车、火石、织机上用的黏土制的盘，3个珠宝饰物等。在另一块170平方米的地块上，发现两个用桦树皮做的有盖圆盒残片，4块碎皮革，3断碎的用树的韧皮编成的绳索，一些织物和毡子的残片。有铁制的大船上用的铆钉、钉子、铁钩；有黏土制的纺车的托板和细小的圆盘；有石头制的磨石。除此之外，还找到了梳子的残片和骨制品（4件），以及一件珠宝饰物。遗址中存在的大量的珠串和琥珀，以及在制作玻璃制品的作坊中发现的溶渣和溶埚残片在某种程度上确定了那些居住在这里的居民的手工业属性。

至于早期拉多加人从事生产实践的工具，在拉多加城遗址中找到了一些实物证明。其中，2把锹，它们属于770—790年，当时锹主要在蔬菜栽培过程中使用，人们用它来二次翻耕土地；1件铲，用于给蔬菜作物培土等，属于770—790年；耙的齿，属于890—920年；木

---

① Е. А. Рябинин: Заметки о Ладожских Древностях, *Современность и Археология*: Междунар. Чтения, посв. 25-летию Староладожской Археологической Экспедиции. СПб., 1997, сс. 45–48.

槌，用来打碎土块，属于810—830年。在发掘出的文物中，还发现了一些类似交通工具的东西，榆木的像雪橇上的零件，以及连接雪橇滑木与橇身的小支柱，属于810—830年；船舶尾部的桨和桨架，属于770—790年。还有大量的规格不一的造船用的销钉（栓），以及少量的船上用来紧绳索的木片。①

其次是突出的文化表现。拉多加城早期相对先进的生产实践成就了相对突出的文化表现。古罗斯民族的一些古老文化表现形式可以在这里找到一些蛛丝马迹。

应该说，在古罗斯民族传统文化的表现形式中，我们可以找到各种各样的由木材和桦树皮制成的物品。而这种传统文化的表现形式同样有着悠久的历史。在发掘拉多加古城遗迹的过程中，人们找到了100余件木制的物品，其中85%的物品属于750—830年。如果按照Б. А. 科尔钦的说法，"诺夫哥罗德的考古学揭开了古罗斯（在10—15世纪）木制物品不为人知的世纪"，那么拉多加城的考古资料证明了自己在俄罗斯中世纪"木制时代"出现前就已经出现大量木制品。通过将8世纪至9世纪初期拉多加木制品与10世纪后半期至15世纪的古罗斯木制品进行比较，发现两者在制作的类型上几乎完全相同。

在考古发掘过程中最常见到的是一些厨房用具——搅拌棒、小铲。需要特别指出的是，还发现了一些雕花的、用木头凿成的和车制的器皿，如长柄勺、杯、盆、洗衣槽和匙子等。值得注意的是，在属于750—760年的考古发掘层中，发现了用车床车制的杯。这不仅对于拉多加城来说是最古老的木器，而且对于整个东欧来说也同样是最古老的车制的木器制品。在属于770—790年的考古发掘层中，发现了部分圆柱形木桶和水桶；在属于810—830年的考古发掘层中，发现了4个制桶用的杯状零部件。②

---

① Е. А. Рябинин: Заметки о Ладожских Древностях, *Современность и Археология: Междунар. Чтения, посв. 25 - летию Староладожской Археологической Экспедиции*. СПб., 1997, сс. 45 - 48.

② Давидан О. И. Деревянная Посуда Старой Ладоги Ⅷ - Ⅸ вв. Л., 1991, сс. 131 - 135.

另一批特别的木器是孩子的玩具。在从古拉多加城出土的早期文物中，有一些仿制品，其中包括25把剑和2把矛。在一系列新的发掘过程中，发现了13把玩具剑和2把矛。其中某些制品的样式被现代欧洲类型的武器制造所模仿。

此外，应该指出的是，750—1000年这250年中，沃尔霍夫河流域的文化特点一定程度上还体现在该地区带有明显折痕的陶器器皿中。这种折痕通常是器皿的边肋，处于从器皿的肱向器皿锥型缩小底部过渡的部分，锥型缩小底部有整个器皿的1/3或1/4高，区别于颈部。其他器皿在上述结合特点上存在一些细节部分的区别。所有的瓦罐都没有采用陶轮，而是用黏土混合大量沙砾的方法来制作的。在俄国西北疆域内，最早的"起棱"器皿出自拉多加城，它们与该城同时出现，大约从8世纪中叶开始。在拉多加城遗址的古代文化层中，这种类型的器皿占到一半左右。Я. B. 斯坦克维奇对拉多加城的陶器进行研究后，将这种侧部轮廓带有明显折痕的"双锥形式"器皿称为"拉多加类型"陶器。[①]

在 Д. 谢林格对海盗时代和中世纪早期的瑞典陶器进行研究后，一些俄罗斯研究者发现其中公布的一系列器皿与"拉多加类型"的瓦罐很相似。Д. 谢林格将发现的这些器皿都被其归为"AⅣ"类，即都属于地方生产的产品。但是，上述俄罗斯研究者认为，在瑞典的墓穴中发现的12个压成型的造型器皿，其表现手法可以与沃尔霍夫河流域的器皿相比拟。这12个造型器皿中，多数（11个）都是在位于瑞典中部梅拉伦湖附近的比约克岛上的比尔卡城大墓地中找到的。第12个瓦罐是在与比尔卡城比邻的阿杰利斯岛的墓穴中。其中，6个与"拉多加类型"陶器相似的瓦罐残片，存在于比尔卡城遗址中被称为"黑土"的文化层中。而且其中还有4个近似沃尔霍夫河流域的器皿，这种类型的陶器曾在海盗时代的奥兰群岛发现过。

[①] А. В. Плохов: Связи Между Скандинавией и Поволховьем по Керамическим Материалам, *Современность и Археология: Междунар. чтения, посв. 25-летию Староладожской Археологической Экспедиции.* СПб., 1997, сс. 85 – 87.

最后，多民族的文化生活。一系列的考古发掘揭示了拉多加城中世纪历史中一个重要的历史文化内涵：两种性质的文化世界在这里实现了彼此的有机统一。其一，来自北欧、波罗的海的文化特征与同时期的一系列东欧居民所表现出来的文化特点相联系所构成的文化世界；其二，与前一种文化世界不同，它只包含了总体的、更为广泛的、最终成为古罗斯民族的所有居民的生活实践。显然，后人正是在这两个"文化世界"之间足够均势的条件下，解释了诺夫哥罗德城由一个古罗斯"市辖市"转变成国际贸易、手工业中心的原因。

要知道，贸易经济联系存在于各民族群体之间的接触之中。在拉多加城遗址的考古发掘中，可以找到各民族群体之间进行贸易的一些表现。在对古拉多加城进行考古发掘期间，发现了数以百计的物品，它们多由黏土、铁、青铜、玻璃、骨头、琥珀、石头、木头、毛皮制成。在这些物品中不乏罕见的艺术完美品，上面甚至有铅制的印记。从类型学的起源来看，很多物品有着斯堪的纳维亚人、斯拉夫人、芬兰人和其他民族的文化起源。

其中，对于古拉多加城历史的最初 200 年来说，斯拉夫人与斯堪的纳维亚人的文化接触备受历史学家和考古学家的广泛关注。丰富的考古资料（装饰、服饰、兵器、护身符、丧葬仪式等）为我们研究上述人群及其所在地区之间的各方面联系提供了可能。但是，由此产生的一个问题是，人们应该如何评价斯堪的纳维亚元素在古罗斯存在的意义？大量的考古发掘资料证实，斯堪的纳维亚元素存在于古罗斯的很多地区，特别是"瓦希大水路"和伏尔加河流域。就拉多加城而言，主要的考古依据是在拉多加城遗址中找到的一些妇女的饰物，包括等臂扣针和兽头型扣针。这种兽头型扣针对于哥得兰岛（瑞典）来说是非常典型的。在该岛上，乃至波罗的海沿岸都可以找到这样的扣针。这种扣针在某种程度上可以证实，一些北欧人曾移居到拉多加城，并死在这里。考古发现的带有北欧古代文字的石头，其中表达了对死者的敬意。还有，墓穴中将死者放在船中埋葬的宗教仪式，等等。这些都可以证明北欧人的存在，可以证明拉多加城曾是一个多民族的大家庭。

关于拉多加城多民族的文化生活又一个证明是陶器。直到最近一段时间，陶器没有得到研究者们的广泛关注。然而，它却是有关过去历史的各种信息的来源，包括古代人群民族文化的接触。塑造器皿是研究上述问题的特别重要的资料。民族学家们的观察证实，在东欧民族中塑造器皿是家庭或作坊生产定做的，在加工生产这种塑造器皿的村镇周围应用得非常广泛。在陶器产品和它们的消费者之间存在着同源的联系，或者它们属于其中某个民族群体。因此，陶器为我们更好地研究不同民族群体之间的文化融合现象提供了必要的研究对象。

此前笔者曾提到"拉多加类型"陶器，从考古发现的陶器数量来判断，类似这种类型的陶器数量在北欧地区很少。其中，在斯堪的纳维亚这种类型的陶器数量也不多，已掌握的考古资料显示，海盗时代的瑞典墓穴中实际上不存在这种类型的陶器。由此研究者们认为，这种类型的陶器的出现应该是与当时北欧与古罗斯之间贸易通道有关，应该是通过贸易的途径输入的。

另外，在沃尔霍夫河拉多加城河段东岸的普拉库恩墓穴，出土的陪葬品也鲜明地表现出拉多加城的对外联系状况。在陪葬的物品中，人们找到了弗里斯人（带把、细颈的）高水罐的残片，抑或是"Татингер"①（塔京格尔）类型高水罐的残片，它们应该是一种黑色有光泽的器皿，是用灰黑色的黏土制成的，装饰的镶嵌物采用纤细的锡箔制成菱形、网格和十字等形状。类似这种高水罐的器皿曾在瑞典中部的比尔卡城的551个墓穴中被发现。无疑，这种类型的高水罐是在加洛林王朝时期通过贸易交换的途径传到斯堪的纳维亚和罗斯的。

综上所述，中世纪早期的拉多加城凭借着自身相对先进的生产实践、突出的文化表现等优势，成为沃尔霍夫河流域早期文明中的一个有代表性的地区。并通过多民族的文化生活鲜明地体现出波罗的海文化世界和大陆文化世界的融合。为古罗斯国家，乃至古罗斯民族的形

---

① М. Мюллер-Вилле: Внешние Связи Раннесредневековой Руси по Археологическим Свидетельствам, http: //vivovoco. rsl. ru/VV/JOURNAL/VRAN/VILLE/VILLE. HTM.

成产生了极为深远的影响。

（三）具有民族同一文化特征的文化进一步发展

第一，在方言差别多且稳固的条件下，语言的相对一致性，是古罗斯民族所具有的特征之一

伴随着全民的口语发展，同时存在着三种形式的书面语言：一是在自身基础上的全民书面语言——被复兴的古文献方面的公务文献、司法文件；二是在自身基础上的教会—斯拉夫书面语言——有弥撒亚特征的文献中的运用；三是典型的文艺创作；等等。[①]《往年纪事》把罗斯语言的斯拉夫基础看作罗斯民族统一的特征："斯拉夫人没有统一语言"，"而斯拉夫人的语言与罗斯人的语言相近，通过日常生活和劳动中的交往，斯拉夫人的语言统一了"。[②]

《往年纪事》强调了斯拉夫文字的共同基础，讲述了基里尔和美多德在创造斯拉夫文字母表和传播文字方面的实践活动。作者涅斯托尔说："他们创作的书籍给斯拉夫人带来了文明——罗斯人和多瑙河的保加利亚人所具有的文明。"

由于近些年来的发现（Д. А. 阿夫杜辛在斯摩棱斯克附近的氏族聚居地的古墓中发现了10世纪初的瓦罐上刻的铭文[③]，А. В. 阿勒齐霍夫斯基发现的刻在树皮上的诺夫哥罗德的公文[④]），使得苏联学者对古罗斯文字发展的研究工作有了新的突破，甚至将一系列不著名的更早的手工作品上的铭文和其他文献资料[⑤]都引入了这项研究中。

由于手工业和商业的发展（手工产品上的铭文），私有财产的增长（遗嘱），国家的发展（国际协议的起草）等，扩大了对文字的需

---

① П. Я. Черных. Язык и Письмо Сб. История Культуры Древней Руси. т. 2. М. -Л., 1951, cc. 123 – 129.

② Повесть Временных Лет. cc. 21. 23.

③ Д. А. Авдусин. М. Н. Тихомиров. Древнейшая Русская Надпись. Вестник АН СССР, 1950 (4), cc. 71 – 79.

④ А. В. Арциховский. М. Н. Тихомиров. Новгородские Грамоты на Бересте（из Раскопок 1951г.）. М., 1953.

⑤ А. С. Орлов. Библиография Русских Надписей XI - X V вв. М. -Л., 1952.

要。古罗斯国家统一的基里尔文字，促进了罗斯各地区的文字的推广，进一步促进了古罗斯民族文化的统一。但是，手抄书和羊皮纸上的规章流传不广。①

第二，作为古罗斯民族的特征，可以有根据地说，存在着鲜明的文化一致性，并且在民间文学、文学、艺术等形式中反映出相同的意识。

在这种情况下，介绍劳动人民的创作对于我们来说就有了更大的意义。艺术史学家指出，罗斯工匠在木制建筑术方面经验丰富，他们不断完善自己的工艺，丰富相互交流经验的渠道，最终使古罗斯建筑有了统一的风格。它们表现在基辅、切尔尼戈夫、波洛茨克、斯摩棱斯克、诺夫哥罗德等城市的建筑中。② 这样，基辅、诺夫哥罗德、波洛茨克城的索菲亚教堂在建筑形式上是相近的。按照乌斯片斯科教会的样式，在基辅的边缘上建造其他城市的教堂。

民族工艺艺术的共同情节融入装饰教堂的雕刻品、壁画和圣像中，等等。珠宝制品、书的装饰图案、建筑物都渗透着风格的一致性。③

民间歌手、民间说书人、音乐家、滑稽—喜剧艺人，他们在整个古罗斯的范围内传播着劳动人民的歌曲和寓言故事。甚至在统治阶级先进文化中，也可以发现他们的存在。可以说文化或艺术中的"民族"概念，不仅应用在劳动人民的创作中，而且在先进的封建阶级的一系列作品中也得到体现，尽管封建艺术带有阶级性。这个"民族"决定了，对各类被封建阶级创作的或他们在自身阶级利益的立场上定购的艺术形式的民族创作影响，客观上具有进步意义。创作的"民族性"所揭示的特点在于，它符合了历史形成的这个民族的特征。

古罗斯时期已经产生了未来俄罗斯民族、白俄罗斯民族和乌克兰

---

① Н. С. Чаев. Просвещение. Сб. *История Культуры Древней Руси. т. 2. М. -Л.*，1951，с. 223.

② Н. Н. Воронин. М. К. Каргер. Архитектура. Сб. *История Культуры Древней Руси. т. 2. М. -Л.*，1951，сс. 261 – 338.

③ Б. А. Рыбаков. Прикладное Искусство Н Скульптура. Сб. *История Культуры Древней Руси. т. 2. М. -Л.*，1951，сс. 396 – 419.

民族的一些特征，它们首先反映在民间创作和古罗斯的文学中。

如果我们现在谈近代意义上的"民族特点"，那么能否说一些前近代意义上的"民族特点"，那样的含义应当包含在这个"概念"中吗？民族的"心理体质（气质）"——它历史地形成着一些共性的特征，它们表现的社会先进的一面是进步的代表。

近代意义上的民族形成是一个漫长的过程，因此在封建社会结构条件下，在前近代民族形成时期所形成的一些个性特征的基础上，形成了民族心理体系的一些特征。当我们谈体现在文化一致性中的古罗斯民族心理体质时，首先应该注意到，广大人民群众和代表社会进步的城市工商业者在共有特征中的个性特点，同时应当注意到统治阶级先进分子们实践活动中所表现出来的进步特征，因为在一定程度上他们的实践活动促进了民族融合，推动了捍卫独立的斗争，以及在反对侵略的条件下国家长远、独立的发展。

在此，笔者想在对民族形成时期的问题理解上，一定程度地运用列宁关于"每个民族的文化都是双重的民族文化"的论断，尽管这一论断是列宁对资本主义时代文化进行分析所得出的结论。列宁指出，"双重文化"的划分是根据资本主义制度尖锐矛盾产生的，资本主义初期，当"新的社会经济关系和它们的矛盾"，"还处于萌芽状态"时，资产阶级思想家的主张表现了"先进的社会阶级的利益"，即沿着资本主义道路全社会发展的迫切利益。随着资本主义阶级矛盾的日益加深，"双重文化"的矛盾状态，也表现得非常尖锐，即便民族的"文化一致性"还存在，随着资本主义的腐化堕落，这种一致性开始遭到破坏。

当然，不应当将马克思、列宁的所有这些民族理论机械地运用到封建主义时期，如果在资本主义社会主要的阶级对立是无产阶级与资产阶级的对立，并且随着资本主义的发展工人阶级反对剥削阶级的斗争，在工人阶级政党的领导下更加有组织和联合的特征，那么在封建主义条件下，主要劳动阶级反对地主统治阶级的斗争则是自发、局部、无组织的，因此，"双重文化"的界限在封建社会不能像在资本主义时代表现得那样鲜明。

这是封建经济发展的自身条件的限制：农民和手工业者经济的个体性，他们和土地联系在一起，自然经济条件下的封闭和孤立，城市的缓慢发展，劳动人民很难受到有系统的文化教育，市民和农村经济还保存着联系。"双重文化"的矛盾在封建社会中不会表现得那么清晰明确，只有在资本主义社会的经济基础上、在资本主义社会的阶级关系中，才能将阶级对立的关系清晰明确地反映在"双重文化"中。

封建时期的民族文化中，农民和市民文化的民主成分，还不可能像资本主义时期民族文化那样成熟。在封建主义时期，民族（人民）创作的主要形式仅是民间（口头）文学和工艺艺术而已。

封建农奴经济的封闭性，使得土地占有者主要依靠农民和手工业者的劳动来满足自己的需求。在城市中，大部分的领主手工业者也是为他们自己的领主服务的。城市手工业的发展是采取"定购"的形式，并不是为市场出卖而生产。手工业和艺术没有分开。——所有这些促使在建筑和雕刻艺术中渗透着民族创作的情节。高大的教堂，卓越的圣像绘画作品等，都是为满足封建主阶级的需要而制作。但它们是劳动人民亲手创作的，从而表现了人民的特征和文化。因此，在评价这样（类似）的文物（文献）时，用"双重文化"的标准就包含着一定的困难。而这些文物恰恰又是罗斯民族文化统一性的证明。

民间创作的情节像一道洪流渗入封建主阶级创作的文学作品中，当民团还在国家的政治生活中发挥重要作用时，在军队的日常生活中还保有一些军事民主制的痕迹，并且民间创作中的英勇精神为创建国家的思想，以及为了国家的完整而进行的斗争，提供了有益的支撑。

在封建社会尽管存在着古罗斯民族文化的一致性，然而，统治阶级上层文化中与民主文化成分对立的因素相当明显，在反封建斗争逐步发展的情况下，"双重文化"的对立特征也开始清晰。

涉及关于古罗斯民族心理结构的问题，应该首先指出，由于古罗斯民族的经济基础是田野农耕经济，以及土地成为民族生存源泉的认识，使得民间创作的题材受到农民生产活动个体性的局限。①

壮士歌描写的壮士形象是农民阶级中走出来的劳动人民的代表。穆库勒·谢利亚尼诺维奇塑造的"农夫"的形象，其中有"木犁……槭木的"，而在它的旁边有"布袋……宝剑"和"烟袋……银制的奖章"。②伊利亚·穆罗梅茨塑造的农民形象是"没有头脑的身体劳动的农民"，又有"农民的机智"。③当然，所有这些术语都出现得比较晚，最早的壮士歌题材产生在更为久远的时代。人民对故乡的爱——也就是对故乡土地的爱，农民们用辛勤的劳动使她变得肥沃。

在抒发对土地的感情方面，最为卓越的莫过于《往年纪事》的作者对1093年土地惨遭破坏场面的描写。当时，波洛伏齐人侵入罗斯土地，灾难落到了罗斯的头上，"……村乡和谷仓在燃烧，很多教堂淹没在火海之中"，"我们越过田野，植物（亚麻）遭了灾，成群的马、兔子和牛都跑了，所有以前看到的都没了，土地被人面兽心的人糟蹋了"。在这种情形下，关于罗斯土地的表述不断地和关于乡村、田野、庄稼、成群的马、兔子、牛的表述联系在一起，即和劳动人民创造的一切联系在一起。因此，人民为了保卫自己的土地不受敌人的侵犯，在这样的斗争中表现出了勇猛的力量和坚韧不屈的精神。斯维亚托斯拉夫大公的年鉴中的描述（他们没有随身携带什么，甚至连帐篷也没有），是对罗斯军队的描述。④

968年，年鉴记述了一个"少年"的勇敢事迹。当时，他从被佩彻涅格人围攻的基辅，潜入第聂伯河的另一个河岸去请求支援。"少年"表现出了勇敢和机智。992年，年鉴描写了一个鞣革工人小伙子战胜了佩彻涅格人勇士的功绩。少年之所以能够取得这样的功绩，与他在作坊中从事劳动所练就的一身力量和灵活的步伐是分不开的。⑤

---

① П. Е. Сивоконь. К Нзучению Исторических Особенностей Русского Народного Характера. Вестник Московского Университета, 1954 (7), с. 43.

② А. Ф. Гильфердинг. Онежские Былины. т. 2. М. -Л. 1950. с. 538.

③ Там же. сс. 315–323.

④ Повесть Временных Лет., сс. 146, 46.

⑤ Там же. сс. 47–84.

Д. С. 利哈乔夫认为，在这样的叙述中，首先表现的是思想，这种思想后来成为罗斯文学中最中意的主题；其次表现的是真正英雄主义的谦虚，和外在表现并不明显的民族精神的力量。①

在罗斯成了西方国家避免游牧民族入侵的屏障的历史条件下，产生了一些民族的特征，而罗斯民族也首先承受了游牧民族的突袭。罗斯人民对自己故土的爱，以及在为维护独立的斗争中没有被动摇的勇敢精神，成为表达民族爱国主义思想的壮士歌发展的基础，渗透在文学古籍中。

С. А. 布戈斯拉夫斯基在《公元 11—13 世纪基辅罗斯文学中的罗斯土地》一文中试图再现罗斯土地的风貌，像那个时代的文献，首先是《往年纪事》描绘的那样。土地成为庄稼人的财产，成为那些由于游牧民族的入侵而痛苦不堪的人民的"生命"。此时，与军队中丰富的英雄传记联系在一起的国家形象，已经由于王公们的内乱而遭到破坏。②

在文字的表述上，斯维亚托斯拉夫大公的语言充满了深厚的爱国主义情操，"让我们不要让罗斯的土地受辱，为此我们愿付出生命，伊玛目不会因为受辱而死去"。赢得整个国家推崇的那种为罗斯土地的自豪，在伊拉里奥恩的《诺言》（слово）中能够感受到，他写道："不处于不幸中就不知道管理土地，但在罗斯，土地被所有的人所关注"，"罗斯大公和……所有的基督徒"，"罗斯的子孙"会记得当时住在帕列斯京的朝圣者丹尼尔。尽管伊拉里奥恩和丹尼尔的活动带有教会的立场，是封建统治阶级的代表，但是他们呼吁罗斯土地的统一，在封建文学中表现了先进的思想。③

---

① Д. С. Лихачев. *Национальное Самосознание Древней Руси*. М.-Л., 1945, с. 43.
② Л. В. Черепнин. *Исторические Условия Формирования Русской Народности до Конца* XV в. Сб. *Вопросы Формирования Русской Народности и Нации*. Издательство Академии Наук СССР. М.-Л., 1958, с. 49.
③ Л. В. Черепнин. *Исторические Условия Формирования Русской Народности до конца* XV в. Сб. *Вопросы Формирования Русской Народности и Нации*. Издательство Академии Наук СССР. М.-Л., 1958, сс. 49 – 50.

第三，呼唤罗斯土地统一的民族认同感、民族自豪感逐步增强。

民族年鉴编撰者写道："为什么我自己要去破坏罗斯的土地？波洛伏齐人破坏我们的土地不要紧，要紧的是我们的军队也在破坏自己的土地，他们曾经一心统一，维护罗斯的土地。""如果军队继续这样混战下去，那么那些异教徒就有可乘之机夺走我们的父辈用劳动和勇敢换来的土地，他们将在罗斯土地上横行，难道你们想毁掉罗斯的土地？"年鉴编撰者们向大公们提出建议。①

年鉴编撰者们不止一次地强调，大公应该维护、珍惜罗斯的土地，应该为她"劳作"或"承受苦难"。基辅人民向斯维亚托斯拉夫大公指责道："你，大公，你们寻找并维护别人的土地，而对自己的却不珍惜。"②

在异国他乡的罗斯人民中也保持着民族一致性的特征。《往年纪事》的作者在谈到被波洛伏齐人俘虏的人时，"他们用眼睛交流，一个问：Аз бех сего города（你来自哪里）另一个说：Яз сея вси（我和你来自同一个地方）"。被当作奴隶卖到别的国家的罗斯人俘虏，深刻地感受到与故土失去联系的痛苦，年鉴编撰者说，由于波洛伏齐人的入侵，"很多基督徒遭到了杀害，而另一些则成为俘虏，沿土地驱逐着"③。

但是，人民对自己故土的爱，并没有导致与其他民族人民的疏远。罗斯土地统一的认识，没有造成与其他土地的对立状态。罗斯发展的历史条件促进了她与其他一系列国家相互关系的加强。弗拉基米尔·莫诺马赫在《训诫》中包含了对他的孩子的建议，建议他们尊敬外商，为了使"罗斯土地"的荣誉能够传播到其他国家。"更好的尊敬来到你这里的外商，无论是普通的，还是富有的，因为他们会沿途歌颂人，多么的善良，多么的丑恶。"④

---

① *Повесть Временных Лет.* cc. 170 – 175.
② Там же. c. 48.
③ Там же. cc. 147 – 148.
④ *Повесть Временных Лет.* c. 158.

古罗斯民族的地域分布与民族语言分布的相对一致性，在官方的广泛记载东欧民族志的年鉴中有所体现，那里记载的东斯拉夫部落的分布都被统一的列在"罗斯—斯拉夫语言"一栏之下。

　　这种官方的年鉴还提出了很多历史问题，如"罗斯土地从哪里来？""罗斯土地从哪开始的？"等对自己故土历史的兴趣，是民族自觉的标志，是历史形成的同一性。

　　但是，不应该完全将广大劳动人民群众的爱国主义与封建主阶级的爱国主义等同起来。随着封建主义的发展和封建意识形态的巩固，罗斯土地的概念在封建主的表述中和大公"领地"的概念联合在一起，为罗斯土地而战斗的思想也具有为封建大公的荣誉而战的特征。"我们将为罗斯土地和你的儿子（尤里·多尔戈鲁科）而死去，为你的荣誉抛头颅洒热血"①，"而你，弗谢沃洛德最大的家族——我们最老的沃洛季梅尔部落，让我们想一想罗斯的土地，你的荣誉，以及我们自己"，——这样的思想观念常常出现在年鉴中。②

　　П. Е. 锡沃科尼在谈到罗斯民族个性特征时，提出了"罗斯人民的所有力量和智慧，都是为创建罗斯国家组织（机构、体制、观念）服务的"③。这样的表述是不准确的，因为它抹杀了国家的阶级使命。Д. С. 利哈乔夫比较正确地回答了这个问题，他说："统治阶级被迫支持劳动人民群众，是因为没有他们的参与就不能创建罗斯国家。"因此在一系列封建文学的作品中都渗透着那样的思想，即国家在维护农民的劳动。例如：《往年纪事》的作者在描述1103年多洛布茨克的集会时，将弗拉基米尔·莫诺马赫的话引用到了组织对波洛伏齐人的远征必要性的论证中，这些话是弗拉基米尔·莫诺马赫在波洛伏齐人入侵后给国家经济造成巨大损失后说的，"农民们开始大叫，来犯的波洛伏齐人用长矛、弓箭袭击他们，捕捉他们的马，进入他们的村庄，

---

①　ПСРЛ т. 2. СПб, 1908, с. 480.

②　Д. С. Лихачев. Некоторые Вопросы Идеологии Феодалов в Литературе XI - XIII веков. *Труды Отдела Древнерусской Литературы Института Русской Литературы*. т. X. 1954. с. 84.

③　П. Е. Сивоконь. К Изучению Исторических Особенностей Русского Народного Характера. *Вестник Московского Университета*, 1954（7）, с. 47.

那里有他们的妻子和孩子，以及他们所拥有的一切"。保护农民的劳动不受波洛伏齐人破坏。在对待入侵的外族敌人方面，对立阶级双方的利益是一致的。弗拉基米尔·莫诺马赫首先极力保护的是封建主阶级和国家的收入，同时也有利于农民的和平生产和生活。

（四）古罗斯语言的形成问题探究

1. 语言学界的研究简述

有关俄语产生问题的说法，在俄罗斯学术界中曾以 A. A. 沙赫马托夫（Шахматов）院士的假说占据主导地位，他认为，在 10—11 世纪的古罗斯国家形成时期，已经存在着三种不同的方言与现代的三种东斯拉夫语言相对应，它们是：北罗斯方言、东罗斯方言和南罗斯方言。按照 A. A. 沙赫马托夫的说法，现代东斯拉夫语言或者是由三种方言中的一种（乌克兰方言）直接演化而来，或者是由三种古东斯拉夫方言中的两种（俄罗斯和白俄罗斯方言）进行不同形式的组合而成。然而，这个假说将语言历史与 13—14 世纪东斯拉夫历史割裂开来，而恰恰正是在这个时期，东斯拉夫民族语言形成，然后向现代民族语言发展。加之，这一假说在语言学中表现为，将现代语言中的方言区别引申到古代，常常是引申到了氏族部落时代，然而，却没有充分认识到独立的语言现象中的内在联系和它们的相对时间顺序。这一假说没有充分地揭示历史事实，也因此没有被那些大学者所接受。①

现代实证史学要求，不能承认 A. A. 沙赫马托夫的假说。1947 年第 9 期《莫斯科大学学报》上刊登了一篇评论文章，名为：《A. A. 沙赫马托夫讲话中的俄语形成问题》。现在看来，当时文章的作者所阐述的问题并不是完全正确，但是却给我们评论 A. A. 沙赫马托夫的假说提供了一些基本的事实。该文章试图揭示俄语的形成与俄罗斯民族形成的关系，但是，文章只认为个别方言的历史要早于在方言分支中

---

① Р. И. Аванесов. *Вопросы Истории Русского Языка в Эпоху Формирования и Дальнейшего Развития Русской (Великорусской) Народности*. Сб. *Вопросы Формирования Русской Народности и Нации*. Издательство Академии Наук СССР, 1958, с. 155.

形成俄语的历史。其中很少注意到书面语言在民族形成时期对语言发展的积极意义，以及对规范民族语言的意义。

随后的研究工作以广泛地研究语言地理学资料和古文献为基础，将发音、语法、词语构成法等语言学要素的发展过程与人民群众的历史联系起来，一步一步地还原俄罗斯语言在不同时期复杂多样的发展道路。这项艰巨的任务，要求研究者们进行大量的专业研究工作，以及对史料细致的研究。

在这里应该指出，某种具体语言的概念，既涉及语言结构范畴，如它的质，又涉及语言类型和功能范畴，如社会属性，是部落语言还是部族语言，抑或是民族语言。然而，关于部族形成时期的语言发展，以及部族向民族发展的问题很少被研究，只是到了苏联时期才被当时的语言发展意识所推动。并且就上述问题的理论研究工作也适时的开展起来。但是，研究的范围也仅限于研究者们确定的时间框架下，撰写有关俄语产生、发展的普遍特点的文章。

众所周知，人们可以用两种本质不同的学科来研究语言历史：历史语法学和标准语历史学。具体语言的历史语法学是有关该语言结构发展的科学，即对该语言的语音体系、语法结构、构词方法的研究。而标准语的历史学是关于该标准语在自身发展的不同时期相对全民语言的性质，以及在不同类型的体裁和风格中应用的科学。

历史语法学研究全民语言，包括全民语言在所有形式中的地方表现形式，同时除了研究语言的修辞形式外，还要研究口语形式。

标准语历史学则相反，它只研究明确的语言类型——标准语，以及口语和书面语形式中相应的修辞形式。但是，口语标准语几乎还不能成为专业研究的主体。因此，标准语历史研究的优势在于标准书面语的历史研究。

历史语法学和标准语历史学常常用自己独到的方法来区别各自的研究客体。历史语法学的特点在于，它可以从现代的资料中重建过去的主要形式，即往事回顾。与历史语法学相对立，标准语历史学则是凭借直接的继承来揭示现有词汇，即从过去到现在。由此可以看出，如果历史语法学关于语言历史的说法是出自现代语言研究的历史比较，那么我们就不能把它说成是标准语的历史，因为标准语的历史并不出自对现代标准语的分析之中，而是出自哪个特定时代的文献中。的确，为了将文献作为标准语历史来源，我们必须将它们读写成——"翻译"成最准确的字体、发音（借助历史语法学）。

为了解释不同时代、某一特定区域中出现在不同音变现象中的标准语性质问题，我们必须处于那个特定的历史条件下，即相关历史方言学资料问世的时候。也就是说，要在特定的语言环境中去解释标准语的性质问题。而其中如何看待：在古代民族形成时期，古代民族向现代民族发展时期，以及现代民族长远发展时期的语言发展特点问题。这是所有研究都会遇到的问题。

在运用阐述的思想和引用资料时，研究者们发现采用回溯法和历史比较法通常无法重现方言和同源语言的形成过程，主要是因为可供研究的资料来源不足，特点也不十分鲜明，尔后方言的同一化过程又在极大程度上拭去了旧有的联系。因此采用回溯法和历史比较法不能做出准确的评价。所以，在研究古代俄语历史时，很多情况是不能完全用事实来证明的，存在着一些假设。这也就是现在存在各种不同说法的原因。

应该说，有关俄语的产生与发展问题，主要是依据语音学和形态学（词法）的资料。尽管在句法方面未必能推测出古代东斯拉夫语存在某种程度的方言差别，但是在词汇方面方言差别无疑是存在的。应该说，词汇方言差别出现得早，并与东斯拉夫人生活的实际历史条件相关，不同地域之间存在着方言差别。一部分方言随着时间的推移而消逝，而另一部分会适应历史条件的变化而重新出现。它们可以更加具体地体现出俄语方言和全民俄语的形成过程。但是，语言的词汇发展特点区别于语言的语音体系和语法结构的发展，它发展得更为迅速，而且直接与社会生活条件的变化相关。在词汇方面还原古代历史过程是非常困难的，很多时候是无法实现的。因此，我们暂时不能确定，某种词汇方言差别属于哪个时代，或者属于哪个区域。历史文献不是针对所有区域和所有时代的；除此之外，在构成特点方面，文献所表现的全民语言的词汇是很不完整的。至于俄语方言的历史比较研究，实际上几乎还没开始。

2. 古罗斯语的发展脉络

古罗斯语是古罗斯民族的语言，是在近源的东斯拉夫部落方言的基础上形成的。大多数学者认为其形成时间是在古罗斯国家（基辅罗斯）时期，即9—12世纪。古罗斯语属于斯拉夫语的东斯拉夫分支。

从11世纪中叶开始，出现了文字遗迹（古代文献手稿和古代文献中的抄写者附言）。个别物品上刻的志铭属于10世纪初。以及《往年纪事》中包含的911年、944年和971年，罗斯人与希腊人（拜占庭）签订的条约。

东斯拉夫部落语言的同一性是建立在古斯拉夫语言统一性（公元1—8世纪）的基础之上的，但是，随着分散的古斯拉夫部落与当地的原驻民的逐渐融合，东斯拉夫部落语言的地域特点，逐渐与南斯拉夫部落和西斯拉夫部落的语言特征相区别。

古罗斯语中的个别语音、语法和词汇特征与南斯拉夫语和西斯拉夫语存在着某种程度的相似性。但古罗斯语有着区别于其他斯拉夫语的一系列特征，这些特征是古罗斯语所特有的。

全元音——现代俄语的词汇—语音现象；存在词根的语素联合现象；在 оро. оло. еле 等辅音之间体现出很多现代俄语词汇的语音风貌。

［ч.］［ж.］代替了南斯拉夫语中的［ш. т.］和［ж. д.］，西斯拉夫语中的［ц.］和［д. з.］，并将 tj、dj（свьча、межа）和 Rt、qt 之前加上元音形成：ночь、печи、дьчи（ср：пеку、мочу）、мочи。

从10世纪开始，鼻元音［о］［е］被［y］［a］所取代：роука、масо。

古代文献时代语言的语音体系具有以下特征。开音节不能以辅音结尾，音节中的音是按照重音来区分的，换句话说，音节是以轻音开始，以重音结尾（доiмъ、слЬiдъ、праiвыда）。因此，到12—13世纪之前，当弱化的［ъ］和［ь］脱落时，出现了新的闭音节，辅音对照元音发音的情况就不存在了。元音有 10 个音素：第一组是［и］，［е］，［ь］，［ю］，［э］［листь，льчю，（льчити），лечю（летьти），дьнъ，n Amь］，第二组是［ы］，［у］，［ъ］，［о］，［а］［пытати，поутати，пъта（птица），ломь，ломати］。辅音有 27 个：［в］音既可发唇齿音［в］，有可双唇音［w］ （类似现在词语中的［y］：［лаука］，［деука］，［лоу］）。［ф］音体现在人们书写的书面语的外来词中。在口语交流时外来词中的［ф］音常常被［п］或［x］所替代：Осип（Josif），Хома，Ховроны。既有硬音又是软音的只有［н］-［н.］，［р］-［р.］，［л］-［л.］，［с］-［с.］，［з］-［з.］。其他或只有软音：［j］，［ч］，［ц.］，［ж.］，［ш.］，［ш，т，ш,］，［ж，д，ж,］（современ.［`ш.］，［`ж.］- пущу，дрожжи），或只有硬音：［г］，［к］，［х］（гыбель，кысель，хытръ），［п］，［б］，［в］，［м］，［т］，［д］。在第一组元音前的硬辅音软化。第一组元音前是辅音［г］，［к］，［х］的情况只存在于外来词中（геона，кедръ，хитонъ）。

语法结构和词尾类型继承了古斯拉夫语和古印欧语中的很多特点。

· 名词存在着阴性和阳性；还存在单数和负数。

· 有六种变格形式：И.，Р.，Д.，В.，Т.，带有一定的地方性；还存在一些呼格形式，一般用在 отьць-отьче，жена-жено，сынъ-сыноу 等词形成时。

· 根据变格形式构成了六种形式的变格法，不同性的词变格也不同。这种变格方法体系在古罗斯末期遭到破坏。

· 形容词（性质和程度）存在长尾和短尾两种形式。

· 动词存在四种过去时形式：两种简单形式——动词简单过去完成时（носихъ，сказахъ）和未完过去时（ношахь，хожахъ）；两种复杂形式——复合过去完成时（есмь носилъ）和前过去时即很早以前发生过的（дахъ носилъ 或 есмь былъ носилъ），过去时形式中的每一种都有特别意义，与发生过的行为完成的结果有关。将来时（ношу，скажу）构成的两种形式：前将来时（буду носить）和分析将来时，很多时候是包含在动词谓语中［имамь（хочу，начьну）носити］。加-л 的形式出现在过去时的形动词中、动词暂时形式的构成中，以及假定式（былъ носилъ）。除了动词的不定式，还有一个不变形式——目的分词（或者目的不定式），通常应用在表示活动的动词中（Иду ловитъ рыбы）。

在古罗斯语内部的方言特点方面，西北地区 ч 以及 г 的爆破音都发 ц 的音，如 Р. п. ед. ч. ж. р. на-Ђ（у женЂ）等形式，南部和东南地区区别了 ц、ч、д 的摩擦音，如 Р. п. ед. ч. ж. р. на-ы. 等形式，它们之间存在着差别。但是，方言的特点并没有破坏古罗斯语的同一性，那些产生于 12—13 世纪古罗斯国家不同地区的文字记载证明了这一点。古罗斯文字记载是用基里尔字母和格拉哥里字母书写的文本。这些古文献用古罗斯语来书写，表明了古罗斯语是那些构成基辅国家的古罗斯民族的共同语言。在古罗斯语中创造了公务与法律文献，古罗斯语与教会—斯拉夫语相结合，形成了圣徒传记和年鉴。古罗斯语同一性的巩固促进了古罗斯国家——基辅的共同口音的形成，要知道，当时基辅的居民是由来自不同方言地区的移民构成的。统一的基辅口音——基辅共同语——是居民在交谈过程中方言特点的弱化与共同语音、词法和词汇特征的广泛推广相互作用的结果。

11 世纪末，特别是在 12 世纪后半期政治分离倾向的逐渐加剧，古罗斯语的同一性被弱化，方言特点加强。14—15 世纪，古罗斯语分化为三个独立的东斯拉夫语言。

3. 现代俄语的历史溯源

本书主要阐述俄罗斯古代民族形成和发展时代的俄语历史问题。因为，这一时期，一方面，古俄语中出现了现代俄语的一些特点；另一方面，随着古代民族发展成现代民族，俄语中也体现出向现代民族语言发展的特点。这一时期是从 13 世纪后半期至 17 世纪。

13 世纪后半期，在东北部逐渐形成了一个统一的核心，后来发展成古代俄罗斯民族；一些语言特征也非常鲜明。17 世纪，出现了古代民族向现代民族发展的特征，以及古代民族语言向现代民族语言发展的特征。17世纪的俄语按照自身的发展趋势而言——是民族语言（发展的最初时期），其中占优势的部分仍然是古民族语言中的一些特点，这主要是由俄语的稳定性决定的。这样，古俄罗斯民族语言如果不考虑它的"形成准备时期"，那么它发展成现代俄罗斯民族语的时期应在14—16世纪。由于这一时期的俄语是在古俄罗斯民族语部分方言的基础上发展起来的，并且在很大程度上是与其他东斯拉夫民族语言同时发展的，因此，有必要研究更早时期，即东斯拉夫语言同一性与古俄罗斯民族语言形成时期。

应该说，俄语概念的范围、性质和功能在历史发展的不同时期，都有着截然不同的内容。俄语概念的历史变化，是伴随在俄罗斯人历史的发展变化之中的。

东斯拉夫人向来就存在着语言的同一性。他们的语言是从原始斯拉夫语言同一性的基础上分化而来的。东斯拉夫语的同一性产生在区别于其他斯拉夫语的语言特征形成的时期。斯拉夫语言群体从原始斯拉夫语同一性中分离出来的过程，并不是统一语言简单分成三个语言群体的过程，而是一个更为复杂的过程。三个斯拉夫语言群体的历史，发生在前文字时代，是在相互作用的过程中形成的。

一些特征，显然更多是古时代的特征，将东部和南部群体联合在一起，而与西部群体相对照。另一些特征，距我们较近一些时代的特征则相反，它们反映了东部群体与西部或部分西部群体的联合。如在词汇构成形式发展的最初时期，以及在发生音变的时候都体现在东斯拉夫人和西北斯拉夫人群体中。①

以 e 为词尾是东部斯拉夫语和西部斯拉夫语的普遍特征，所构成的词有中性、阴性和阳性；南部斯拉夫语的特征是以 ъть 为词尾的阳性名词，区别于以 e 和 отъ 为词尾的词的属性。此外，Ort 和 olt 构成形式体现了东斯拉夫语与西斯拉夫语的联合。

---

① Р. И. Аванесов. *Вопросы Истории Русского Языка в Эпоху Формирования и Дальнейщего Развития Русской （Великорусской） Народности*. Сб. *Вопросы Формирования Русской Народности и Нации*. Издательство Академии Наук СССР，1958，с. 161.

上述事实证明了，东斯拉夫语群体在自身分离的过程中，在不同时期都体现了与其他斯拉夫语群体之间的不同联系。

在三个斯拉夫语言群体形成的过程中，在有关语言特征的同一性和完整性方面有着不同的表现。西部斯拉夫语群体在其古老的语言特征中并没有发现完全的同一性和完整性特征。当然，完整性在南部群体中也不存在：保加利亚分支和塞尔维亚—克罗地亚分支有着不同的语言特征。而东斯拉夫语群体则区别于上述两大语言群体，存在着更为完整和统一的语言特征：在语音演变和词形变化的历史过程中没有发现明显的区别。

语言中的那些语音演变的过程，如 e 变成 o，i 和 y 在功能上的相似性，以及硬辅音和软辅音类型的发展，都表现出东斯拉夫人与西北斯拉夫人在语言方面的联系。而与南部斯拉夫人相比，虽然各自语言发展的时期和条件都有不同，但在某些方面还是有着相似的情况，如浊辅音的软化问题。

关于东斯拉夫语言分离的时间问题，现在还不能明确解答。有学者认为，在 1000 年的中期，东斯拉夫人发展了那些古老的语言特点，使其与南部斯拉夫人和西部斯拉夫人的语言区别开来，并且在这些重新发展了的特征上取得了统一。例如，曾经在东斯拉夫语和南部斯拉夫语中同有的 t 和 d 音，在东斯拉夫语中变成了 c 和 z 音，与之相区别。在东斯拉夫语与西北斯拉夫语中同有的 tort 构成形式，在东斯拉夫语中变成了典型的 torъt 全元音形式。有资料足以证明，8 世纪至 9 世纪初，这个全元音形式的特点体现在所有重新出现的词汇中，包括外来语：南斯拉夫语的查理大帝的名字在捷克和斯洛伐克语中写成——kralь，在波兰语中写成 krolь，在东斯拉夫语中写成 korolь。①

如果说 c 和 z 替代了 tj 和 dj，以及全元音的出现是东斯拉夫语形成的早期特征，那么鼻音消失，原来的鼻音 o 和 e，被 y 和 a 所取代等

---

① Р. И. Аванесов. Вопросы Истории Русского языка в Эпоху формирования и Дальнейщего Развития русской（Великорусской）Народности. Сб. *Вопросы Формирования Русской Народности и Нации. Издательство Академии Наук СССР*, 1958, с. 162.

特点，则是晚期特征，这些特征在古文献中可以找到。在古代东斯拉夫语中存在的大量鼻音元音，很可能是从芬兰语那里借鉴来的。如，芬兰语 kuontalo（пакля）被东斯拉夫语借鉴成 kqdelь（кудель）。另外，出身皇家的康斯坦丁在翻译第聂伯河中的石滩时所用的词语拼写方法，证明了到10世纪中叶，鼻音元音消失了。这样，鼻音消失的时间大概不早于9世纪，东斯拉夫人应该经历了语言过程。①

由此，斯拉夫语语法结构的历史比较证明，在基辅罗斯时代的古俄罗斯民族形成之前，就存在着东斯拉夫人语言的同一性，这种语言的同一性是继承的。最初的语言同一性不是出现在部落联合和部落联盟向古代民族发展的过程中，相反，它自身正是促进部落联盟向古代民族发展的一个因素。

众所周知，关于古俄罗斯民族形成的时间在俄罗斯学术界还没有达成一致共识。一部分人认为，古俄罗斯民族在前封建主义时代在部落联盟巩固的过程中开始形成（Б. А. 雷巴科夫）。② 另一部分人认为，古俄罗斯民族形成于封建主义时代（В. В. Мавродин Л. В. Черепнин）。③ 对于我们来说，无疑，从过去继承来的东斯拉夫语言同一性是10—11世纪古俄罗斯民族发展的重要特征之一，在古罗斯国家中找到了自己的政治外形。

二　城市的发展

俄罗斯现代考古发现为我们进一步研究基辅罗斯时期城市的建立和发展问题提供了有力的保障。那么当时城市是什么样的？又有怎样

---

① Р. И. Аванесов. Вопросы Истории Русского языка в Эпоху формирования и Дальнейщего Развития русской (Великорусской) Народности. Сб. *Вопросы Формирования Русской Народности и Нации*. Издательство Академии Наук СССР, 1958, c163.

② Б. А. Рыбаков. Проблема Образования Древнерусской Народности в Свете Трудов И. В. Сталина. *Вопросы Истории*, 1952 (9), c. 41.

③ В. В. Иванов. Обсуждение Вопросов Формирования Русской народности и Нации. *Вопросы Языкознания*, 1954 (3), c. 133.

的职能呢？它的特征是不是符合马克思主义经济决定论所确定的"城市"含义呢？

现代研究者认为，基辅罗斯时期城市的建立更多地体现了经济因素对社会各方面的影响，在被赋予更多功能性之前，城市是作为手工业和贸易中心存在的。М. Н. 波克罗夫斯基认为，基辅罗斯时期城市的发展是建立在掠夺性贸易基础之上的。[①] Б. Д. 格列科夫认为，城市的发展源于社会分工的发展，手工业从农业中分离出来，因此，城市最初的功能就是发展手工生产。按照恩格斯的观点，手工业从农业中分离出来，促使人类社会从野蛮走向文明，从非阶级社会走向阶级社会（第二次社会大分工）。由此，在军事民主时代出现了设防城镇（他们的墓葬体现出来部落制度，但他们建的堡垒却显示出正走向文明）。

应该说，中世纪早期基辅罗斯出现的城市，正是社会分工的体现，符合自然经济占统治地位的时代特点。此时，劳动产品的生产只是为了满足劳动者自身的需要。商品生产还处于起步阶段。在基辅罗斯建立城市的时代，其内部市场还没有得到发展。旧有的不同族群间的贸易仍占主导地位，影响到的只有社会的上层（部族上层）。因此，不能简单地定义为：古代罗斯时期城市常常是居民点，那里集中了广大的农业区和宗教区，剩余产品在那里进行再分配。

俄罗斯科学院考古研究所高级研究员、历史学博士 В. П. 达尔克维奇研究了 10—13 世纪古代罗斯城市的产生和发展问题。

他认为，在蒙古入侵时代之前没有任何史料记载过国家政权对农奴压迫的形式：那是一种有别于大公侍卫阶层与村社自由民众（农村居民点的居民）之间的关系。在城市中也发展农业，城市的居民多带有半农民化的属性，并从事各种手工业。考古资料显示，当时存在狩猎、捕鱼、养蜂等手工业。

在考古发掘中，大公的都城里能找到犁铧、铲、大钐刀、镰刀、

[①] М. Н. Покровский. Избранные Произведения. . М., 1966, сс. 160, 169.

手推磨、剪羊毛的剪刀、鱼钩和渔网上的铅坠、割蜜刀。西欧从自给自足的家庭经济向市场经济发展，不早于12世纪中叶，从公元13世纪开始，更多的地区向市场经济过渡，农业生产的剩余产品流向城市。

关于城市类型，欧洲西部和东部的城市都是一种复杂的类型——一种同心圆环绕主要核心的缩影。第一圈是园艺园林栽培（园林与城市之间的空间都栽培了园艺作物），以及用于乳业生产；第二、三圈是农作物和牧场。在对城市遗址的考古发掘中，在庭院和宅旁用地中发现了大量的家畜骨骼。在放养家畜的地方发现周围有护栏。

但是，如果没有手工业和贸易，就不能巩固居民点。如8—10世纪的罗姆—博尔舍沃古代城堡遗址①，或是6—10世纪的乌克兰喀尔巴阡山脉地区的古代城堡遗址②，都非常充分地说明了这一点。③ 在这方面，村社和城市并不是对立的。城市的居民死亡率远远超过出生率，因此需要村庄居民来加以充实。由此，导致了物质文化的同一性。当然，在城市里除了普通的工匠工作，更多的是掌握复杂工艺的熟练技工。按照贵族们的要求，为他们制作奢侈品、珠宝首饰、贵重的武器：剑、头盔、铠甲。④ 与城市紧密联系的是"外国客人"——商人，他们与拜占庭、东方穆斯林进行贸易，满足统治精英们对奢侈品和异国商品的需要。

12世纪末13世纪初，在某些类型的手工业作坊中出现了技术革新，由此带来产品大批量的生产，用于满足广阔的销路，即城市自身

---

① 苏联历史百科全书中记载罗姆—博尔舍沃文化是一种考古文化。该文化遗址主要分布在罗姆—苏姆斯克州和博尔舍沃—沃罗涅日州之间，由此得名。相关论述：Макаренко Н. Е., Отчет об Археологических Исследованиях в Полтавской Губернии в 1906, ИАК, в. 22, СПБ, 1907；Ефименко П. П., Третьяков П. Н., Древнерусские Поселения на Дону, М.-Л., 1948（МИА, No 8）；Рыбаков Б. А., Анты и Киевская Русь," ВДИ", 1939, No.（1）；Ляпушкин И. И., О Датировке Городищ Роменско-боршевской Культуры, в сб.: СА, т.9, М.-Л., 1947.

② П. П. Толочко. Древние Славяне и Киевская Русь. М. Книга по Требованию, 1989, с. 77.

③ И. И. Ляпушкин. Городище Новотроицкое. -Материалы и Исследования По Археологии СССР（МИА）, 1958, No.（74）；Б. А. Тимощук. Восточнославянская Община VI - X вв. н. э. М. 1990.

④ Б. А. Рыбаков. Ремесло Древней Руси. М., 1948.

或周围村庄的需要。在阐述基辅罗斯城市产生的问题时夸大了手工艺的作用,这种夸大源于社会进步带来的工艺模式的发展。应该说,生产工具的进步要比社会机构、人文精神创造的进步更能促进经济社会的发展。但是,相关研究者们没有找到有力的证据,来证实有工匠行会的存在。[1] 当时,自由手工业者仍占统治地位,还没有形成相应的行会组织。

我们不能简单地给城市下一个统一的定义,即城市是一个居民点,其中包括手工业者和买卖人,他们在一定程度上与农业脱离开来。实际上,在古代罗斯的城市里不存在那种硬性的劳动分工情况:城市风貌仍然保持着明显的农业特点。这是由当时的社会生产力所决定的。在古代罗斯城市中农业和手工业都得到了发展,同时社会关系中的封建制度也得到了发展。[2] 在研究过程中,我们也不能只强调社会经济因素,而低估其他影响人类社会发展的诸多因素,如文化、思想等。

俄罗斯现代研究者 И. Я. 弗罗亚诺夫在研究城市产生问题时提出了部落中心理论。他认为,在苏联史料研究中,多用进化论的方法来解释城市的产生问题。而现代学者认为,进化论的研究方法将古代罗斯城市的产生延迟了几个世纪。同时指出,在军事民族制时代古代斯拉夫人就已经有了城市。在那样的社会结构中,存在着权力的三级制度:首领—公爵、卫队和宗教(祭祀)、长老会议和人民会议。这些特征决定了这三级权力集中的地方就是部落的中心。[3] Б. А. 雷巴科夫更进一步指出,当时很多大公的都城都是部落联盟的中心:基辅是波利安人的中心、斯摩棱斯克是克利维奇人的中心、大诺夫哥罗德是斯洛维涅人的中心、北诺夫哥罗德是塞维利安人的中心。[4] 然而,根据考古发掘情况,并没有在9世纪的地质层中发现上述城市的任何遗迹,

---

[1] И. Я. Фроянов. *Киевская Русь: Очерки Отечественной Историографии*. Л. 1990, сс. 94, 95.

[2] М. Н. Тихомиров. *Древнерусские Города*. М., 1956, с. 64.

[3] И. Я. Фроянов. *Киевская Русь: Очерки Социально-политической Истории*. Л. 1980, с. 229.

[4] Б. А. Рыбаков. *Первые Века Русской Истории*. М., 1964, сс. 148, 149.

也就是说这些城市的产生不早于9世纪，而且有些城市甚至产生在10世纪之后，如斯摩棱斯克、北诺夫哥罗德。因此，用部落中心理论来解释古代罗斯城市的产生是不科学的。[1]

他们还提出在编年史中提到了"德列夫利安人的城市"。但是，我们不要忘记，在古代罗斯时期城市被理解为任何一个巩固的居民点。这不符合现代科学对中世纪城市的界定。《往年纪事》中记载，部落联盟都有其自己的城堡，类似德列夫利安人的伊斯克拉城，但这不能作为城市化的论据。

另外，他认为，关于诺夫哥罗德城是三个不同氏族部落联合基础上产生的假说，具有一些抽象的特征。[2] 根据现代考古发掘情况显示，这一假说并不成立，因为在早于10世纪的地质文化层中并没有发现相应证据。梁赞城（按照弗罗亚诺夫的说法，该城最初是维亚迪奇人的都城）是在11世纪中叶前后建立的。根据大规模的考古发掘证实，它的产生应该是在古代罗斯不断的殖民过程中实现的。而按照弗罗亚诺夫的观点，城市与村庄之间的界限被消除了，城市是在乡村古老元素的基础上产生的。按照他的理论，古代城市是在庙宇（多神教）、坟墓和市民会议厅周围产生的，与村庄的类型没有任何区别。……因此，城市最初显然带有农业特征。

当然，由于城市产生的部落理论没有得到证实（因为它忽视了考古情况），也因此招徕了人们对弗罗亚诺夫理论的怀疑。

城堡理论是 C. B. 尤什科夫提出的，并得到了苏联史学界的广泛认同。然而，11—13 世纪的古代罗斯城市并不像封建城堡——中世纪西欧城堡，西欧城堡成为统治周边农村的封建权力中心。当时，古代罗斯城市的建设在很多时候为了防御外来敌人，为了保护残暴的统治者不遭受农民起义的侵害。因此，苏联时期学者们将古代罗斯的城市

---

[1] В. В. Седов. *Восточные Славяне в* VI - VIII *вв.* М., 1982, с. 10.

[2] В. Л. Янин., М. Х. Алешковский. Происхождение Новгорода (К постановке Проблемы). *История СССР*, 1971, No. 2.

与西欧城堡等同来看是错误的。①

但是主要的是：基辅罗斯时期阶级和阶级斗争在城市中得到发展，氏族社会正在向阶级社会转化。根据喀尔巴阡山脉地区的村落遗址判断，Б. А. 季莫休卡认为，在9世纪后半叶前后这里才开始出现了大公堡垒式的建筑，这些建筑布局的变化反映了社会的深层次变化，阶级开始出现了。②

因为，城市的产生问题与权力体系和社会内部关系有着紧密的联系。中世纪出现了领主和依附农民，这是鲜明的阶级形成过程，农民的封建依附关系得到了发展。在基辅罗斯时代完成了宗法奴隶制向农奴制的转变（实际上，17—19世纪农奴制在俄罗斯占据了统治地位），随后形成了大土地所有制。

同时，封建制度的特征——领地、采邑，各种豁免权和严格的监管制度得到发展。在13—14世纪的罗斯封邑制度开始建立，并在15世纪得到全面发展。波雅尔作为军事贵族，他们成了类似西方封建主的大土地所有者。③在蒙古鞑靼人入侵前，古代罗斯没有建立起世袭土地所有制，土地需要通过提供军事服务的途径来获得，以及以军事服务的形式参与国家治理和法律审判等。14世纪前，附庸关系只存在于宗法形式中：波雅尔贵族为大公提供服务或是为了获取土地馈赠，或是为了获得丰厚的利益，或是为了武器、马匹等。为了获得永久的世袭土地，各地公爵和波雅尔贵族们需要不断地为大公提供有效的军事服务。这也正是古代罗斯不断扩张的深层原因之一。

С. М. 索洛维约夫给出的解释是：土地实在太多了，但是如果没有人来耕种也没有什么价值，大公只能通过武力从各部落掠取财物、人，将其贩卖到希腊。④由此，我们可以看出，当时封建采邑要想发

---

① С. В. Юшков. *Очерки по Истории Феодализма в Киевской Руси.* М. -Л.，1939，сс. 134，135.

② Б. А. Тимощук. *Начало Классовых Отношений у Восточных Славян*（по Материалам Поселений Украинского Прикарпатья）. -*Советская Археология*，1990，No. 2.

③ Н. П. Павлов-Сильванский. *Феодализм в России.* М.，1988，c20.

④ С. М. Соловьев. *Сочинения* Т. 13. М.，1991，с. 17.

展，就必须获得大量劳动力，然而，当时古代罗斯社会中大多劳动力都是自由人——斯梅尔德，要想他们来为自己劳动，就得剥夺他们的自由权利，使他们依附封建采邑。这也正是农奴制得以建立的原因之一。

按照文献记载，1068年和1113年爆发的基辅农奴起义具有阶级斗争的特征。工匠、小商贩和附近村庄的农民恰恰代表了各阶层民众的利益。然而，在分析类似暴乱时苏联史学家忽略了社会心理因素：在为正义而战的幌子下，人民群众的情绪被激怒了。在交战双方的阵营中都有工匠、小商人和附近的农民。最终，人民不知道谁是正义的，谁在维护自己的利益。

11世纪在诺夫哥罗德（1015—1017年）爆发的人民运动，被 И. Я. 弗罗亚诺夫认为是在宗教和生活方面的一个表现，1136年、1209年、1227—1230年事件则被认为是社会内部冲突。他用"社会政治斗争"这一术语，来区别"阶级斗争"。[1]

他还认为，古代罗斯甚至更晚时期的罗斯，阶级关系的特征仍很模糊。然而，11—13世纪的古代罗斯城市中，却已经存在着马克思列宁主义谈到的阶级分化现象。社会中出现了在财产数量、教育水平等方面有着明显差别的阶层，只是各阶层间还没有表现出冲突的现象。

"大公的宫廷"并不代表具有防御能力的城堡。如，在博戈柳博沃发现的白石结构的建筑遗迹只是罗马式的皇家官邸，而不是有防御能力的城堡。由此，古代罗斯早期的城市应该多具有经济方面的功能，而行政功能相对缺失，这也是为什么城市中阶级关系相对模糊的原因之一。

相关研究者认为，古代罗斯出现的真正的"城市革命"，即城市具有成熟、完备的功能，应不早于11世纪中叶。根据 М. Н. 季霍米罗夫统计，9—11世纪，年鉴证实有25个城市存在，到11世纪出现了64个新城市，到12世纪出现了134个城市。但这些数据并不完整，因

---

[1] И. Я. Фроянов. *Мятежный Новгород*. СПб，1992，с. 280.

为该数据依据的是史料记载，并不依据考古学的考证。由此，季霍米罗夫认为，到蒙古鞑靼入侵前罗斯的城市数量应该接近300个。

古代罗斯城市发展处于三个阶段：10世纪中叶—11世纪前半叶；11世纪后半叶—12世纪中叶；12世纪后半叶—1240年前后。在蒙古鞑靼统治时期，城市的发展处于第三阶段。

三　从诺夫哥罗德的考古发掘看封建关系的发展

苏联时期，历史学家们曾将基辅罗斯生产关系的封建性问题，与基辅罗斯社会经济、政治、文化历史等问题的研究有机地结合在一起。例如：雷巴科夫的《古代罗斯的手工业》，书中将罗斯高度发展的生产和社会分析，与手工业者德社会地位结合起来加以说明。М. Н. 齐霍米罗夫院士的《古代罗斯的城市》一书，对东欧城市的起源和发展问题做了阐释，他分析了城市居民的阶级成分，并解释了他们在国家的社会政治生活中的作用。

当时，苏联政府组织专家对古罗斯的许多城市进行了系统的考古研究（基辅、诺夫哥罗德、切尔尼戈夫、古梁赞、拉多加等），发现了白桦树皮上的文书（А. В. 阿尔齐霍夫斯基）。在苏联考古学家和历史学家（М. Н. 卡尔格尔、Б. А. 雷巴科夫、А. Л. 蒙加依特等）的著作中，对个别城市的考古发掘都曾作出了必要的说明。①

Б. А. 雷巴科夫指出，古罗斯国家——基辅罗斯——是中世纪最大的封建国家之一。它是众多东斯拉夫部落的联合，在这个政治疆界之内，古罗斯民族最终形成，其文化臻于昌盛之境。② 他认为，在十字军东征开始之前，古罗斯一直是东方的各富饶国度与欧洲北半部交通

---

① А. Л. 西多罗夫：《苏联历史科学发展的基本问题及某些总结》，收录于《苏联史学家在罗马第十届国际史学家代表大会报告集》，生活·读书·新知三联书店1957年版，第26页。

② Б. А. 雷巴科夫：《古罗斯国家的形成》，收录于《苏联史学家在罗马第十届国际史学家代表大会报告集》，生活·读书·新知三联书店1957年版，第57页。

的桥梁；北欧居民竭诚欢迎这些善于平安通过寇盗出没的"荒原"、大海等危径的罗斯商人。当时，东方各国和西欧各国都与罗斯保持着经常的联系，很多的王朝极力想和基辅大公——"多城之国"的统治者们缔结姻戚之好。这里的"多城之国"怎样理解？是有很多都城还是没有都城？还是部落联盟的所在地？因为，大多数俄罗斯学者认为，当时部落联盟的中心就是"城市"，这里有圣堂、议事厅（维切）等。[1]

当时，经济基础和社会关系的进一步发展导致领导部落联盟的王公们更加需要扩充他们的权力。这时候分离出来了亲兵队武士，他们不仅是部落的士兵，而且成为王公们的近卫。

俄罗斯人始终认为，古诺夫哥罗德城具有极其重要的历史意义。它曾是一个极其重要的政治、经济和文化中心；它曾是俄罗斯史诗中拥有许多英雄的城市；它曾是一个封建的共和国，曾是击退日耳曼骑士侵袭的那些武士的城市；它曾是创作驰名的圣像和壁画的伟大艺术家们的城市。[2]

古诺夫哥罗德城的考古发掘工作是在1929年由А.В. 阿尔齐霍夫斯基指导下开始的。第二次世界大战前所进行的发掘规模较小，战后发掘规模显著扩大。1951年，在考古发掘中发现了白桦树皮文书，这是一个重要的新发现，也为后来的发掘工作争取到了更多的经费支持。

从1951年开始，发掘工作在涅列夫斯基市区进行。中世纪的诺夫哥罗德分为五个市区，每个市区之上各有特殊的市区维切和民众大会（整个诺夫哥罗德之上另有一个维切来领导）。[3]

1951—1954年，在涅列夫斯基市区发掘出330座木架结构。这是10—16世纪的房屋和经营场所。在这一片发掘的地面上，只找到了一座石房。文化层的总厚度在7米左右。全部的建筑物在年代学划分上

---

[1] Б.А. 雷巴科夫：《古罗斯国家的形成》，收录于《苏联史学家在罗马第十届国际史学家代表大会报告集》，生活·读书·新知三联书店1957年版，第92页。

[2] А.В. 阿尔齐霍夫斯基：《诺夫哥罗德的新发现》，收录于《苏联史学家在罗马第十届国际史学家代表大会报告集》，生活·读书·新知三联书店1957年版，第129页。

[3] 同上书，第130页。

可分 28 层。最早的成层年代约在 10 世纪中叶，最晚的约在 16 世纪中叶。

从 10 世纪以来，诺夫哥罗德城全部经过铺砌。各条大路都是木路。在涅列夫斯基市区被掘开的地段上，有两条古街道——维立卡亚街（意为"大街"——译者注）和奴婢街相交。在考古发掘中，发现了刻有铭文的铅章、各种类型的玻璃串珠、石串珠、玻璃手镯等。

在诺夫哥罗德各区域内的发掘，发现了皮靴匠的、皮匠的、榨油匠的、玩具匠的、雕骨匠的、铁匠的作坊。①

随着考古发掘工作的不断深入，1951—1954 年，发现了很多铜器匠和珠宝首饰匠的住所，同时也发现了商人的住所和贵族的豪华石头房屋。

应该说，9—11 世纪古罗斯的生产力得到了发展，除了农民的家庭手工业外，城市手工业得到了增长、商业联系得到扩大，这一切为罗斯文化的繁荣创造了物质前提。古罗斯国家的建立对后来文字和文化的发展提供了有利的条件。例如，1951 年 7 月 26 日，在由 A. B. 阿尔齐霍夫斯基指导下开始的诺夫哥罗德考古发掘中，发现了第一张白桦树皮文书。四年之内，共找到 136 块上面写有文字的白桦树皮文书。需要特别指出的是，在诺夫哥罗德的考古发掘中尚未发现任何档案库。上述白桦树皮都是在不同的地方发现的②，这些私人白桦树皮文书就证明了城市居民中文字普及的情况。

这些文书的年代，借助于地层学和古文字学两种基本方法来判定。其中，古文字学方法以 19—20 世纪俄国古文字学家的研究论证为依据。这些古文字学家细致地研究了 11—16 世纪的书籍、档案，用墨水写在羊皮纸或纸上的俄文字母的变化。他们认为，以尖器刻画在白桦树皮上的字母另有一些独特之处，但是不妨碍对古文字学规律的研究，

---

① A. B. 阿尔齐霍夫斯基：《诺夫哥罗德的新发现》，收录于《苏联史学家在罗马第十届国际史学家代表大会报告集》，生活·读书·新知三联书店 1957 年版，第 132 页。

② 同上书，第 133 页。

并由此得出了与地层学完全相符的结论。①

关于白桦树皮文书的内容，其中叙述最多的是诺夫哥罗德的商业情况。有一些文书的内容是详细的收支账目，这为研究货币历史提供了新的资料。其中，记载的货币数量有的能达到在当时来说非常可观的数额，有的则很少。显然，当时的记账人分属于财力不等的阶层。还有若干记录与高利贷者有关。

从诺夫哥罗德考古发掘中得到的一些白桦树皮文书的记载来看，10 世纪已经存在相对细致的手工业、商业内部的分工情况。② 有些白桦树皮文书的内容则近似早期的文学创作，有些内容则是信件。这些文书的发掘证实了在 11 世纪识字的人已经很多了。其中，一封信件成为证明《罗斯法典》曾发挥效力的证据。它证明，在 11 世纪的诺夫哥罗德，《罗斯法典》的规定已经得到了实际应用。这封信件中提到了"斯沃特"一词。根据《罗斯法典》（11—12 世纪的法典），人们已经熟知"斯沃特"一词，即搜寻赃物时的当面对质就叫作"斯沃特"。③

古罗斯的实用艺术作品、手工艺品、绘画作品、建筑风格、口头文学、音乐等都具有较鲜明的特征。罗斯珠宝首饰的工艺和风格在西欧和东方各国都得到广泛追捧。在属于诺夫哥罗德 10—11 世纪的地层里发现了一个面积微小的、木质的建筑物模型。这是一个建筑师用的模型。这座建筑物是一座漂亮的、民用的、非军事用途的堡垒式建筑。建筑物分两层，上下两层是由很多柱子支撑起来的凉亭。相关研究者认为，这种形式完全符合弗拉基米尔一世时代的建设风格，具有极其重要的研究价值（保存至今的建筑物都是弗拉基米尔之子雅罗斯拉夫时期建成的）。④

一般木器保存的完好状况，为考古学提供了新的研究课题。相关

---

① A. B. 阿尔齐霍夫斯基：《诺夫哥罗德的新发现》，收录于《苏联史学家在罗马第十届国际史学家代表大会报告集》，生活·读书·新知三联书店 1957 年版，第 133 页。
② 同上书，第 137—138 页。
③ 同上书，第 141 页。
④ 同上书，第 144—145 页。

研究认为，当时镟床已经广泛传布。水路运输很发达。考古发掘出了木船、大船的部件（肋木、船舱座位、桨架等），大量的桨，最长的桨长3.1米。同时，木器保存的完好，对于艺术史的研究也具有重要的意义。很多木制器物上饰有精美的雕刻花纹，有些圈手椅、木凳、立柜、窗棂非常精美。这些雕刻花纹非常近似诺夫哥罗德羊皮纸书上德彩绘花纹，它们毫无疑问是羊皮纸上彩绘的原型范本。另外，在发掘工作中还发现了很多骨制器物，其艺术研究价值不次于木制器物的研究价值。这些骨刻都是雕刻在日常使用的骨器上。

在诺夫哥罗德的考古发掘中，还发现了大量铁制的劳动工具。其中，有各种类型的犁头、镰刀、钐刀、剪刀、鱼叉、斧、锤、钳（长82厘米的大金属钳）、砧铁、凿铁器具、锉（这证明锉工手艺的流行）、手斧、锯、刮刀、錾、锛、刨刀、拔钉锤，等等。①

铁制锁子甲残片并屡屡发现，从10世纪以来，这种锁子甲是古罗斯国家主要的作战用铠甲。在一些俄国圣像画中，我们可以看到一些武士就穿着这样的甲胄。

值得注意的是，在诺夫哥罗德的考古发掘中找到了数十枚铅章。早期的铅章属于各王公（其中最早的一枚年代属于10世纪末），较晚的铅章属于共和国时期的长官——总管、副总管。相关研究者认为，11—12世纪初，诺夫哥罗德是由王公管理。从12世纪中叶起，维切成为最高政权机关，它和王公共同执政，这样一直持续到13世纪末期。14—15世纪，诺夫哥罗德已经完全没有了王公。这些史实在各类编年史书中都有记载，现在又从印章方面得到了很好的印证。②

在发掘中，初次发现了一枚金质印章。从其类型来看，它和铅章没有任何不同之处，它是属于12世纪的一位王公所有。

在历次俄罗斯古代城市发掘中，第一次从10世纪的地层中发现了钱窖。这个钱窖中有865枚10世纪的钱币。银币上刻有阿拉伯文字，

---

① А. В. 阿尔齐霍夫斯基：《诺夫哥罗德的新发现》，收录于《苏联史学家在罗马第十届国际史学家代表大会报告集》，生活·读书·新知三联书店1957年版，第145页。

② 同上书，第147页。

而且几乎全是萨马尼朝诸王的名字。根据许多偶然出土的情况来看，萨马尼银币在东欧流通很广。这一窖藏中的钱币是在中亚的各不同城市中铸造的。其中，以撒马尔罕城铸币最多，沙什城（塔什干城）币次之，布哈拉城币最少。相关研究者认为，这一窖藏着重说明了诺夫哥罗德城与这些中亚大城市之间的密切联系。

当前，根据发掘情况已经确定了诺夫哥罗德城的建立年代。这座城市的产生，比一些历史学家料想的要晚。在它的任何一个区内，都没有发掘出早于10世纪的文化层。它的奇特名称可以得出相应阐释。这座被编年史学家称为最古老的俄罗斯中心、俄国文化和国家诞生摇篮的城市，名字叫作"新城"。在10世纪的时期，在位于沃尔霍夫河下游河口的拉多加城才被认为是"旧城"。

12世纪初，古罗斯国家处于分裂时期。封建主义典型的经济分散性，为国家的割据状态提供了必要的物质前提。也正是由于在古罗斯国家中形成了许多新的经济中心，加之耕地面积的扩大、城市的增长、手工业和商业的发展，因此，过渡到封建主义割据乃是完全合乎规律的现象。①

此时，在古罗斯的各个地区，已经形成了王公的、波雅尔贵族的、寺院的世袭领地（享有特许权），其性质类似法国的世袭领地、英国的庄园等，形成了封建制度下典型的土地所有者的等级制度。

加之，11世纪至12世纪初，爆发了人民起义的浪潮（斯默尔德和城市的贫民），阶级矛盾的尖锐化促使封建主企图建立地方的国家机构，以便约束依附农民和市民。于是，古罗斯国家的分裂成为历史的必然。

由此，俄罗斯文化原型受自身历史中社会关系的状况制约。基辅罗斯时期的社会关系是公社民主型，它的文化是聚合道德型。后因政治文化中心的北移和蒙古鞑靼人的入侵，基辅文明日见衰

---

① Л. В. 切列浦宁：《俄国封建主义发展的基本阶段》，收录于《苏联史学家在罗马第十届国际史学家代表大会报告集》，生活·读书·新知三联书店1957年版，第110页。

败，旧有的社会关系和文化被新型的社会关系和新型的文化所取代。①

　　1174年，安德烈·博戈柳布斯基遭谋害，这意味着大公的权力获得了鲜明的君主特征，原来大公与侍卫之间比较民主的关系被"君—臣"型的关系所取代。13世纪，"侍卫"这一词逐渐被"宫廷"一词所取代。于是，对大公的看法也有了变化。在古罗斯文献中，把大公作为"万人之首"来歌颂，而在13世纪已有了为大公权力公开辩护的文字。可见，在蒙古鞑靼人入侵前，东北罗斯中开始形成了"内阁—臣民"性质的社会关系。内阁主义（министериализм）是非条约性质的服役，这种服役制要求仆人处于直接和无条件服从主人的地位。这种新型社会关系的最后确立完全取决于蒙古鞑靼人因素。一方面，罗斯大公在蒙古鞑靼人统治之下在公国内部仍掌握生杀大权；另一方面，大公由金帐汗国的汗任命，在表面上应该对汗表示臣服。大公们虽然对蒙古鞑靼人的这种以夷制夷的做法非常反感，但却把这种君臣型的社会关系逐渐扩大到罗斯社会的整个社会关系系统，并成为14—17世纪社会关系的主要形式。在新型社会关系系统的建立过程中，古罗斯人的思想观念和道德标准也随之发生了变化。②

四　外交策略的发展与宗教的效用

　　最初，罗斯人的对外策略多以武力的方式来解决，而且表现为相对松散的服从关系。

　　859年，来自海外的瓦兰人（瓦兰吉亚人）向楚德人、斯拉夫人、麦里亚人和所有的克里维奇人征收贡物，而可萨人则向波利安人、谢维利安人和维亚提奇人收取贡物：每户一块银币和一张灰鼠皮。③

　　866年，皇帝正在讨伐阿拉伯人，已进军到黑河。一位城市长官

---

① 吴克礼：《俄罗斯社会与文化》，上海外语教育出版社2009年版，第271页。
② 同上书，第271页。
③ 拉夫连季：《往年纪事》，朱寰、胡敦伟译，商务印书馆2011年版，第14页。

报信说，罗斯军队已进逼帝都。皇帝决定班师回返。那些人已攻进舒特湾，杀死了很多基督徒，并用200艘战船围住了帝都。皇帝和大牧首在教堂彻夜祈祷，终唤来了圣母的庇佑，将罗斯异教徒击败。①

882年，奥列格大公出征，率领一支庞大的军队，瓦兰人（瓦兰吉亚人）、楚德人、斯拉夫人、麦里亚人、维西人和克里维奇人。他们来到了斯摩棱斯克，接管了该城的政权，任命自己部下管理这座城市。……奥列格坐镇基辅，执掌王公权位。……奥列格开始建设城市，给斯拉夫人、克里维奇人、麦里亚人确定应交的贡物，还规定缴纳给瓦兰人的贡物，从诺夫哥罗德每年征收300格里夫纳，以维护和平……②

883年，奥列格发兵攻打德列夫利安人，征服他们，向他们每人征收一张黑貂皮。884年，奥列格发兵攻打谢维里安人，打败他们后，向他们征收轻微的贡物，但不许他们再向可萨人纳贡。885年，奥列格派使者去见拉迪米奇人，让他们向自己纳贡。这样，奥列格就拥有了统治波利安人、德列夫利安人、谢维里安人和拉迪米奇人的权力，并与乌利奇人和提维尔人交战。③

898年，当斯拉夫人接受洗礼后，他们的王公罗斯提斯拉夫、斯维亚托波尔克和科采尔派使者去觐见米哈依尔皇帝说："我们国家已受洗礼，但我们没有老师来指导和教育我们，给我们讲解圣经，因为我们既不懂希腊语，又不懂拉丁语……皇帝说服了他们，派他们到斯拉夫国……当兄弟俩到达后，他们就开始编写斯拉夫字母表，翻译《使徒行传》和《福音书》。斯拉夫人非常高兴，因为他们听到了用自己语言讲解上帝的庄严伟大。后来，他们又翻译了《圣诗集》《八重赞美诗集》以及其他著作。"④

这里需要特别指出的是，907年，奥列格出征希腊。他率领大批

---

① 拉夫连季：《往年纪事》，朱寰、胡敦伟译，商务印书馆2011年版，第15页。
② 同上书，第16—17页。
③ 同上书，第17—18页。
④ 吴克礼：《俄罗斯社会与文化》，上海外语教育出版社2009年版，第19页。

军队骑马或乘船出发，有战船2000艘。罗斯人在城郊杀戮大批希腊人，毁坏许多宫殿，焚烧教堂。希腊人派使节向奥列格求和，奥列格要求他们缴纳2000艘战船的贡物，每人12格里夫纳，而每船是40人。而据А. А. 沙赫马托夫推测，奥列格907年的条约是编年史家根据它后来的911年（912年）的条约人为编造出来的。同意А. А. 沙赫马托夫这种观点的有А. Е. 普列斯尼亚科夫、С. П. 奥勃诺尔斯基院士及其他许多条约的研究者。但事实上，907年的条约及其后来的911年（912年）的条约相互补充，构成一个整体；907年的条约和911年（912年）条约之间没有发生过任何需要重新签订和约的引发事件（编年史上的908年、909年、910年、911年都是"空着的"）。编年史家人为地编造了一场和平谈判和907年条约文本。В. И. 谢尔格耶维奇指出，907年条约的条款在911年条约中也应有体现，同时他注意到，944年条约的目的是重申"名存实亡的和约"。这个"名存实亡的和约"只能是911年条约。944年条约两次直接引用了911年条约："按已有的条款。"但是，911年条约中没有为这些引证辩护的条款。与此同时，符合这两条引证的两个条款都收录在907年条约中。由此可知，这两条是从911年条约中抽出转到907年条约中的。另外，有些学者还从条约表述中的语言风格、习惯中看出了问题，С. П. 奥勃诺尔斯基认为，907年条约和911年条约在语言上没有区别，而944年条约的语言则与907年条约和911年条约不同（如下表所示）。[①]

从《往年纪事》的记载中我们看到一个现象，那就古罗斯的大公们在不断地对周边国家、族群发动战争，有时甚至对某一个特定的国家、族群发动过数次战争，而其目的或者诉求前后并没有实质区别，这是为什么呢？

[①] 拉夫连季：《往年纪事》，朱寰、胡敦伟译，商务印书馆2011年版，第333页。

奥列格911年条约和伊戈尔944年条约条文比较表①
（М. В. 弗拉季米尔斯基—布达诺夫编制）

条文		各条内容
911年条约	944年条约	
1—2	1	使者统计和序
3	12	诉讼程序
4	13	杀害行为
5	14	殴斗和伤害
6	6	盗窃
7	5	抢劫
8	9	船舶失事的救援
9、11	7	俘虏的赎回
10	—	罗斯人在希腊任军职
12	3—4	逃亡奴隶的窃取和窝藏
13	—	继承
14	—	罪犯的交出
—	2	罗斯使者出使帝都及他们在帝都的贸易权
—	15	军事援助
—	8	科尔松国
—	10—11	第聂伯河河口和黑保加尔
15	16	结语和誓言

应该说，当时的国与国之间的关系受到很多因素的影响，其中一个重要的因素都是王位的更迭，当一国发生了王位更迭，那么与它已经缔结过和约的国家就会借机撕毁和约，有的是为了摆脱暴力统治，有的则是为了发动新的战争，从而获取更多的利益。据《往年纪事》记载，907年，奥列格出征希腊。他率领大批军队骑马或乘船出发，有战船2000艘。罗斯人在城郊杀戮大批希腊人，毁坏许多宫殿，焚烧教堂。最终促成了罗斯与希腊911年条约的签订。913年奥列格死后，伊戈尔继位，也正在此时，立奥（六世）之子君士坦丁加冕为皇帝。

---

① 拉夫连季：《往年纪事》，朱寰、胡敦伟译，商务印书馆2011年版，第339页。

因奥列格已死，德列夫利安人与伊戈尔断绝了关系。914年伊戈尔攻打德列夫利安人，战胜后，让他们负担比奥列格时期更重的贡物。同年，保加利亚的西蒙率兵来的帝都，媾和后返回老家。920年，希腊人新立罗曼努斯为帝。929年，西蒙向帝都进发，征服了色雷斯和马其顿，他以强大的兵力直逼帝都。西蒙同罗曼努斯皇帝缔结了和约，返回家园。934年，乌果尔人首次进军帝都，征服了整个色雷斯。罗曼努斯同乌果尔人媾和。看到别人都得到了利益，伊戈尔也不甘示弱。941年，伊戈尔发动了第一次对帝都的远征，但是失败了。"希腊人好像取来了天上的闪电，他们用它轰击我们，烧死我们，因此我们没能打倒他们。"944年，伊戈尔再次发动对帝都的远征，最终促成了944年条约的签订。

据《往年纪事》记载，945年伊戈尔死后，他的妻子奥尔加和儿子斯维亚托斯拉夫开始统治罗斯。由此，周边关系再次出现了重新整合的情势。955年，奥尔加出访希腊国家，抵达帝都。此时，与帝都的外交手段变得相对温和。971年，斯维亚托斯拉夫率兵杀奔希腊国都，一路作战一路毁坏城市，迫于武力威胁，希腊皇帝派人与其议和，并签订了合约。[①]

通过上述史实和分析，我们可以看出一些端倪，即当时古罗斯国家与周边国家、族群之间的关系是极其松散的，且极其不牢固。然而，这个结果是符合当时古罗斯国家建立初期的客观条件的，其中包括经济条件、生产方式、人口规模、统治形式等。

后来，随着人口的定居和农业的发展，罗斯人一方面开始考虑以武力解决问题的成本；另一方面封地使武装力量得到稳定的收入，并开始厌恶征战，由此，罗斯统治者不得不开始考虑用更加温和的方式来解决周边问题，其中最好的办法就是寻找强大的盟友，形成武力威慑。当时，各宗教世界都在积极争取罗斯人，这使其寻找强大盟友的愿望得以实现。据《往年纪事》记载，987年，大公弗拉基米尔召集

[①] 拉夫连季：《往年纪事》，朱寰、胡敦伟译，商务印书馆2011年版，第61页。

群臣和全城长老,对他们说:"先是保加利亚人前来见我说:'请接受我们的信仰吧。'接着来了德国人,他们夸耀一通自己的信仰。在他们之后来了犹太人。最后来了希腊人……"① 应该说,此时罗斯正面临着宗教世纪的争夺,各大宗教势力都想将其纳入自己的宗教体系中来。这是缓解彼此之间战争冲突的好机会、好方法。

据《往年纪事》记载,奥列格被称为先知者,因为当时古罗斯人都是多神教徒,愚昧无知。② 如果说,古罗斯人能够接受更为先进的宗教信仰,并由此取得广大宗教世界的认可和庇护,那么将对改善古罗斯国家的周边关系起到重要的作用。

据《往年纪事》记载,971年,斯维亚托斯拉夫在与希腊皇帝签订和约时,发誓说:"我的贵族、所有罗斯人和我都将恪守前约,倘若食言,违反上述条款,就让我与我的随从和部下受到我们所信奉的神灵——雷神和畜神的惩罚,让我们像黄金一样发黄,就让我们死于自己的武器之下。"③

988年,弗拉基米尔率兵攻打希腊城市科尔松,并在攻克城池后接受了基督教的洗礼,并最终使基督教成为罗斯的国教。

应该说,宗教的社会作用是通过教会的社会职能来实现的,教会的社会职能区别于管理教会事务的内部职能。M. 韦伯和 Э. 涂尔干作为社会学的奠基人,他们为宗教社会学发展面临的理论问题作出了巨大贡献。M. 韦伯区分了个体宗教观点的社会土壤和社会关系,在他看来,宗教的价值在于"它阐明了人类个体行为的最深层动机"④。

M. 韦伯高度评价了宗教的社会政治作用,并指出,宗教是一支不依赖于社会政治构成的独立的力量。他认为,社会需要宗教,而后者正是任何社会都有的社会事实。⑤ 在谈到教会的社会功能时,韦伯认为,教会的团结和整合作用是最重要的,它促进了社会的融合,避

---

① 拉夫连季:《往年纪事》,朱寰、胡敦伟译,商务印书馆2011年版,第87页。
② 同上书,第25页。
③ 同上书,第61页。
④ Вебер М. *Протестантская Этика и Дух Капитализма*. М., 1964, с. 603.
⑤ Вебер М. *Хозяйство Н Общество*. М., 1959, с. 13.

免社会矛盾的激化和动荡。

涂尔干在很多社会学观点上与韦伯存在着分歧。涂尔干认为，宗教是一种社会生活的表现，或者说，宗教是社会环境的产物。法国学者们由此得出：宗教的目的是引领人类向未来更美好生活的一种追求。[①] 宗教观念和社会观念在本质上是同一的。在涂尔干看来，所有形式的社会意识都可以成为宗教产生的因素，[②] 并认为，宗教应该成为社会同一性的表现，成为克服社会对立和不平等的方法，确保社会的完整性和稳定性。由此，涂尔干认为，教会最主要的社会功能——整合，有利于政治制度的维持和巩固。

韦伯和涂尔干的观点对几代宗教社会学家产生了深远的影响。美国社会学家 П. 伯格认为，在人类历史中宗教发挥着重要的战略作用，其是解释社会秩序最有效、最广泛的方法。并由此得出：宗教最主要的功能是对社会制度的解释和"圣化"功能。总体来说，在社会家们看来，宗教有着多种形式的社会功能，应该给予客观的评价。

然而，在苏联时期，宗教除了文化功能外，法律没有赋予它行使其他功能的权利。此期间，宗教和教会的作用被视为反动，是敌视社会主义的，这是由宗教上层的反苏立场所决定的。但是，在我们所研究的基辅罗斯时期，东正教被立为国教，拥有至高无上的地位。当时，教会法和原始习惯法成为基辅罗斯立法的基础，因此东正教会在社会中的法律地位是毋庸置疑。此时，东正教会有权力，也有能力发挥更多的社会职能：社会政治职能、"世界观"职能、代偿职能、道德伦理职能、文化职能、国际职能。

教会的社会政治职能的效力和范围取决于教会的社会活动，更取决于教会与国家的关系。罗斯受洗后，基辅大公奥列格将东正教立为国教，并希望东正教会成为辅佐自己统治的工具。当时，古代罗斯社会的上层都要求信奉东正教，并开始取缔原始信仰中的多神教。在东

---

① Осип/та Е. *Социология Эмиля Дюркгейма*. М., 1977, с. 217.

② Дюркгейм Э. Социология и Теория Познания// *Новые идеи в социологии. Вып. 2.* СПб, 1914, с. 32.

正教和多神教的斗争中，东正教与大公政权结成了紧密的联盟，最终，东正教确立了国教地位，而大公政权被"神圣化"。

自12世纪中叶开始的弗拉基米尔罗斯文化反映出历史的变迁。这种变迁导致了大俄罗斯人的形成。在此之前，弗拉基米尔罗斯文化适逢多神教（язычество）世界观的复兴。从12世纪开始，基辅罗斯的居民开始向奥卡河和伏尔加河之间的地区迁徙，并与东地的少数民族不断融合。14世纪中叶，古罗斯的经济开始复苏，遭到战争破坏的农业得以振兴，莫斯科周围的土地得到统一。古罗斯民族的继承者——大俄罗斯人开始登场。①

应该说，东正教为古罗斯带来了"聚合力"思想（соборность）。所谓"聚合力"通常指教徒集体安排生活并和谐地、共同地参与世俗和教会的生活。实用主义作为一种特殊的宗教狂热与东正教的聚合力、精神综合（всеединство，全和性）不谋而合。东正教中聚合力的整体化传统体现在当代俄罗斯文化里就是把美、善和智的观念糅合在"壮丽"（благолепие）一词中。谢·布尔加科夫把东正教世界观的这一特点视为"精神世界的聪颖的美的幻象"。东正教在精神上组织古罗斯人的宗教道德生活，并要求他们掌握东正教的精神价值体系，而这一体系与多神教的文化氛围大相径庭，因此形成了后来俄罗斯特有的救世式类型。②

五　罗斯法典的完善与封建制度的发展

《罗斯法典》是古代罗斯国家司法实践的总结。相关研究者认为，《罗斯法典》虽然成文于11—12世纪，但实际上是9—12世纪罗斯法律思想的集中表现，某些条文甚至渊源于古代法律文献。③ 其重要的

---

① 吴克礼：《俄罗斯社会与文化》，上海外语教育出版社2009年版，第266页。
② 同上书，第269页。
③ 王钺：《〈罗斯法典〉产生的社会背景分析》，《兰州大学学报》（社会科学版）1996年第24卷第4期。

价值在于反映了古代罗斯封建制度的逐步成熟，并越来越表现出其固有的腐朽性。

流传至今的《罗斯法典》原文有三个版本，即简本、详本和缩编本。简本《罗斯法典》包括有《雅罗斯拉夫法典》（文献中亦称其为《最古法典》）和《雅罗斯拉维奇法典》（亦译作《雅罗斯拉夫诸子法典》或《雅罗斯拉夫三王子法典》）。经诸多历史学家认定，简本的前18条以及第42和第43条应归属于《雅罗斯拉夫法典》，第19—41条则属于《雅罗斯拉维奇法典》。详本《罗斯法典》采纳了简本的绝大多数条款，其中有35条是以简本的条款为基础制定出来的，只有第18条和第41条没有采纳。① 根据这些条款规定的内容，以及提出的时间来看，我们能够从中发现封建制度在古代罗斯大地上的发展轨迹，并由此勾勒出封建关系的发展进程，以及人民反抗封建压迫的历史进程。这些带有鲜明封建特征的法律条文的提出，标志着封建制度的不断深化和人民反抗的不断加剧，也使我们能够更好地理解古代罗斯从鼎盛走向衰败的历史必然性。依据这样一个思路，我们可以将长达两个多世纪的《罗斯法典》的最终形成过程分为三个鲜明的阶段：

一是确立私权阶段。生存、财产权取代了氏族血亲复仇的习惯法，最主要的是确立了封建土地关系。相关研究者认为，11世纪著名的主教和藏书家伊拉里奥在其《法与神启录》一书中，曾赞颂古罗斯诸王公以"法律、勇气和智慧"治国，是不无根据的。在罗斯国与拜占庭签署的911年和944年的条约中，曾援引《罗斯条例和法律》，说明奥列格和伊戈尔在其统治时期就已立法。另据《往年纪事》载，当时的各斯拉夫部落"都有自己的习惯，自己祖先所立之法，自己的法规"。由此，《罗斯条例和法律》可能是各种习惯法的综合。在古罗斯首次群众运动——945年德列夫利安人反抗索贡巡行的斗争之后，女大公奥尔加着手改革，重要的措施之一是"确立条例和惩罚措施"。弗拉基米尔一世登基执政时，也曾在全国范围内颁发《国家条例》。基辅

---

① 王松亭：《〈罗斯法典〉形成始末——俄国法制史研究之一》，《吉林大学社会科学学报》1994年第3期。

罗斯最初几代王公的立法活动,为《罗斯法典》的形成奠定了基础。[①]

二是确立所属权阶段。自由民逐渐失去了自身的合法地位,必须依附于封建主。最主要的是确立了封建依附关系。相关研究者认为,《雅罗斯拉维奇法典》和《摩诺马赫法规》是维护封建世袭领地经济的明文法。这两部法律文献是古代罗斯社会封建化进一步加深的产物。当时封建关系日益形成,封建世袭领地普遍出现,上层建筑适应经济基础变化的法律应运而生。[②]

三是争取政治权阶段。封建割据在政治上的体现。不纳贡,封建采邑的权力不断扩大,进而希望获取更多的自治权力,不断走向封建割据。封建制度与社会生产力之间的基本矛盾表现得越来越突出。1146年发生的一场封建王公内讧,骚乱者从普季夫尔庄园夺得900坛酒、500普特蜂蜜,俘虏各种封建依附者700名;在缅里杰克庄园骚乱者烧毁900座粮食垛,劫走4000匹马。[③] 相关研究者认为,为适应频繁的王公内乱和激烈的社会冲突的需要,各级封建主在自己的世袭领地上建立起城堡,作为防御外敌,保卫世袭领地的要塞,同时也是镇压臣民反抗的据点。封建世袭领地的重要标志是封建庄园和封建城堡,它们的普遍出现标志着古代罗斯国家封建化过程的完成。[④]

《雅罗斯拉夫法典》是古罗斯国家"最古老的法典"(成文法)之一。它产生于1016年的诺夫哥罗德,是由雅罗斯拉夫大公授意修订的。[⑤] 这部法典最突出的特点就是确立了私权,即每个人的生命、财产都受到法律的保护。如《雅罗斯拉夫法典》第一条,规定如果某人被杀害,这个被害人无论是罗斯人、侍从、商人、审判官、审判执行

---

① 王松亭:《〈罗斯法典〉形成始末——俄国法制史研究之一》,《吉林大学社会科学学报》1994年第3期。
② 王钺:《〈罗斯法典〉产生的社会背景分析》,《兰州大学学报》(社会科学版)1996年第24卷第4期。
③ 马夫罗金:《苏联史纲(古代罗斯国家)》,莫斯科出版社1956年版,第179页。
④ 王钺:《〈罗斯法典〉产生的社会背景分析》,《兰州大学学报》(社会科学版)1996年第24卷第4期。
⑤ 尤什科夫:《罗斯法典》,莫斯科出版社1950年版,第272—278页。

官、游民、斯洛维涅人，他们应同样获得40格里夫纳的赔偿。[①] 这里的"被害人"泛指自由人（男性和女性），既包括王公贵族、官吏，也包括市民、游民、斯麦尔德等阶层在内。这里连居无定所的游民都被法律赋予了平等的权利。有学者认为，该条文中之所以有"游民"的表述，是1024年苏兹达尔地区游民起义后加上去的，是雅罗斯拉夫大公迫于起义的影响做出的让步。不过，不管如何，法律同样赋予了各类自由人平等的权利，保护了私权。其中，第九条规定，如果某人抽出了剑，但没有使用，须支付1格里夫纳的赔偿。本条是对犯罪未遂的规定，虽主动终止了犯罪，但仍认定有罪。相关研究者认为，此条文的规定目的在于制止佩带刀剑的王公官吏、户从，尤其是瓦兰吉亚人雇佣军任意持刀剑威胁他人。由此可以看出，此时阶级的差异还不太明显，再有几乎所有的罪行都可以靠支付赔偿来获得谅解，说明当时社会中政治特征还不明显，经济利益成为维系社会稳定的纽带。

《雅罗斯拉维奇法典》产生于1072年，是由基辅三王公和几位大臣在会议上共同制定的。相关学者认为，它的实质是封建统治阶级对1068—1071年斯麦尔德和城市人民起义的反攻倒算。《法典》明确宣布了杀害王公的"人"和破坏王国的财产应受到的惩罚；的确如此，诸多条文表述中都出现了"王公的税吏""王公的基温""王公的庄头和田畯""王公的契约农""王公的马"等字样，表明了鲜明的属权关系。此时，阶级的特征表现得非常鲜明。同时，更重要的是，维护阶级利益的手段也更加严厉。例如，第十九条规定，王公的税吏被杀害，必须缴纳80格里夫纳的赔偿。80格里夫纳是个什么概念？根据相关研究者研究计算，80格里夫纳相当于重量为1普特（每普特合16.38公斤）的白银，是当时一个乡镇全年缴纳的赋税额。绝大多数凶手是无法缴纳如此多命金的（法律明确规定其他人不得资助凶手），因此多被封建主处死。[②] 这表明的是一种态度，就是谁要敢侵害王公贵族的权力就必须死。应该说，在这种强大的法律震慑下，那种从属的依

[①] 王钺：《罗斯法典译注》，兰州大学出版社1987年版，第1页。
[②] 同上书，第22页。

附关系得到了巩固和发展，阶级压迫和阶级矛盾也随之越演越烈。

详编《罗斯法典》产生的时期，一般认为是在12世纪中期。因为，其第二条和第六十五条都说到雅罗斯拉夫诸子的立法活动；第五十三条以下便是弗拉基米尔·摩诺马赫大公（1113—1125年在位）或其子制定的法律条文，即《摩诺马赫法规》①。应该说，详编的《罗斯法典》已经成了统治阶级横征暴敛的工具，成了阶级压迫的工具，成了统治者维护自身统治的工具，成了封建主划分势力范围的工具。这样一部只对被统治阶级具有约束力的法律，必然成为统治阶级分裂的推动力。例如，第八十五条规定：所有的诉讼案件审判，证人必须是由自由人充当。假若证人是霍洛普（非自由人——笔者注），那么，霍洛普也不能出庭作证。第八十六条规定：铁裁判支付四十库纳（五十库纳合一格里夫纳），给审判执行官五库纳，给助手半格里夫纳。这是实行铁裁判的费用。②其中，铁裁判是神明裁判的主要方式之一。波克金曾指出，古代罗斯这种审判方式来自斯堪的纳维亚的古代瑞典法律。瑞典"一切争讼案件都通过铁裁判等方式解决，未被烧伤的一方宣告无罪；被烧伤的一方为罪犯"③。这种说法为古代罗斯建国"诺曼说"提供了依据，这只是其一。更重要的是，统治者被赋予了神圣的化身，他们假借宗教的名义聚敛财物。另外，《法典》中加强了波雅尔军事贵族的权力，这说明波雅尔军事贵族已从王公权力下得到极大程度的解放，经济地位提高，波雅尔土地所有制已经形成。这种现象反映了古代罗斯封建主义生产关系在12世纪得到了进一步发展。④

值得注意的是，详编《罗斯法典》中对城市建设、桥梁建设的酬劳作了详细的规定。这一方面说明，城市建设和桥梁建设在当时的重要性；另一方面也证明了以城市为中心的封建割据的局面已逐步形成。例如，第九十六条规定，付给每个城市建设工匠的费用如下：开工时

---

① 王钺：《罗斯法典译注》，兰州大学出版社1987年版，第42页。
② 同上书，第110—111页。
③ 格列科夫：《罗斯法典》第2卷，莫斯科出版社1947年版，第337页。
④ 王钺：《罗斯法典译注》，兰州大学出版社1987年版，第58页。

预支一库纳；竣工时再支付一诺卡达。每周应给七库纳的饮料、肉和鱼，还有七个面包，等等。

由此，我们可以看出，封建制度随着封建法律的不断发展而得到不断巩固，同时又因为不断凸显的封建势力的分散性而使封建割据不可逆转，最终导致了古罗斯国家的分裂、瓦解。

结　　语

　　8世纪末9世纪初，北欧与地中海地区之间的贸易活动十分活跃，经过大西洋抵达地中海地区的东部海运通道和经过"瓦希大水路"抵达拜占庭的西部河运通道相继形成，东、西贸易通道交汇于波罗的海地区，形成了独一无二的"银桥"，将西起不列颠，东到卡马河沿岸地区，北起挪威的边境地区，南到欧洲南部的黑海—里海草原地区的广阔空间联系起来。

　　东欧大水路贸易的发展打破了东欧区域间封闭的状态，促进了东欧地区经济的商品化布局。首先，大水路贸易的发展促进了东欧地区本土商人的产生，同时东欧本土商业发展为大水路贸易提供服务保障，即实现了以路育商，以商育路。分散的人群逐渐向大水路沿线聚集，通过为大水路提供必要的服务而获取收益。其次，大水路贸易的发展为东欧地区城市的兴起提供了土壤，同时东欧地区城市的建立保障了大水路贸易活动的顺利开展，即实现了以路养城，以城御路。"维克"类型的城市在大水路沿线广泛建立，一方面城市的建立证实了人群的聚集规模；另一方面促进了地区内部经济联系的加强（固定市场的出现）。最终，东欧大水路贸易的发展为古罗斯国家（基辅罗斯）的建立提供了必要的积累，加速了集权政治的确立。

　　这里更应该看到的是，由于东欧大水路贸易的发展促进了地域内多民族的交往，并使其越来越多地参与到贸易活动中来。由此，笔者认为，在一定程度上东欧平原上的居民已经有了共同的经济生活。

　　我国著名的历史学家白寿彝先生就民族形式的统一问题提出过以

下看法，民族形式的统一是一个历史的过程，需要经过三个历史阶段：一是单个民族内部的统一阶段；二是区域性多民族内部的统一阶段；三是全国性多民族内部统一阶段。结合这一认识，本书阶段划定如下：

其一，古罗斯国家建立前，与古罗斯民族形成有关的古代人群应处于区域性多民族内部的统一阶段。5—9世纪在东欧平原上居住着众多东斯拉夫族部落和非斯拉夫族部落，《往年纪事》中记载了12个与古罗斯民族构成群体有关的部落及部落联盟：波利安人、德列夫利安人、德列戈维奇人、拉基米奇人、维亚迪奇人、克里维奇人、斯洛维涅人、杜列布人（沃伦人和布格人）、白霍尔瓦特人、塞维利安人、乌利奇人和底维尔人。这些古代人群应多为地域性的联盟形式，应视为区域性多民族趋向统一阶段。尽管他们结合的形式不是很稳定，但是他们已经相互区分开来，有了自己的活动区域和文化特征。而后，随着东欧大水路贸易活动的日趋活跃，上述人群开始被广泛联系在一起，服务于大水路。以沃尔霍夫河流域为主体的区域性文化统一现象在日益形成。

其二，古罗斯国家建立后，进一步明确了未来古罗斯民族活动的空间，这个空间将此前几个相对小的区域整合起来，为形成全国性多民族内部统一提供了条件。因此，自古罗斯国家建立起，才真正有了古罗斯民族的内涵，这是由古罗斯民族的国家民族性质所决定的。

在确定了本书所阐释事件的历史阶段后，本书主要观点可以分为以下四点：

第一，古罗斯国家的建立对于古罗斯民族形成问题来说是非常关键的。古罗斯国家作为一个政治地理概念，明确了未来古罗斯民族的具体活动空间，并赋予了古罗斯民族这一历史称谓。古罗斯民族按其形成类型来说，它属于国家民族，即由于古罗斯国家的建立，使其统治范围内的人群逐渐形成为统一民族。古罗斯国家建立后，作为阶级统治的工具，统治阶级一方面以索贡的形式从经济上统一了所辖范围内各部落、部落联盟的剥削形式；另一方面以设立行政长官的形式从政治上统一了所辖范围内各部落、部落联盟的统治形式。同时，由于统治阶级内部采用亲兵制来加强管理，使统治阶级内部的思想意识比较容易达成一致，而被统治阶级内部采用信奉统一宗教形式的方式来加强对思想意识领域的约束（东正教与多神教共生）。可以说，古罗斯国家时期，统治阶级与被统治阶级之间存在不同程度的思想意识一致性，并在此基础上形成了古罗斯民族。

第二，5—9世纪，居住在东欧平原上的古代人群由于受到外来因素的影响，在不断地进行着迁徙和融合。俄国历史学家瓦·奥·克柳切夫斯基说，俄国历史的最初时期，来自东欧平原西南部的东斯拉夫民族部落，在不断与非斯拉夫民族部落融合的基础上，形成了古罗斯民族。在这数百年的历史过程中，这一支东斯拉夫民族部落的居民人数甚少，不足以密实而匀称地占据整个平原，他们像飞鸟般从一端迁居到另一端，用这种不断迁居的方式实现着不断繁衍。每迁居一次，他们就处在新的环境影响之下，处在新地区的自然特点和对外关系影响之下；每迁居一次，他们都会形成独特的气质和性格。因此，俄国史是一个正在从事开拓的国家历史。[①]

值得注意的是，到9世纪，东欧平原上的古人群之间很少存在纵向的联系，即历史的继承关系，更多的存在着横向联系，类似于现在人们说的"你中有我，我中有你"，这是由东斯拉夫族部落上述扩张特点所决定的。因此，通过深入剖析几个有代表性的考古学文化的特征表现，有利于我们从中挖掘出内在的文化联系，尽管在表面上看来它们之间没有什么联系。

结合历史学家白寿彝先生提出的有关民族形式统一问题的看法，笔者认为，古罗斯国家建立前，与古罗斯民族形成有关的古代人群应处于区域性多民族内部的统一阶段。

由此，通过我们对上述12个部落及部落联盟的文化特征对比，再结合东斯拉夫人扩展的特点，就不难得出这样的结论：东斯拉夫人随着不断地移居、迁徙，致使其文化特征与新移居地的文化特征产生了

[①] 瓦·奥·克柳切夫斯基：《俄国史教程》，张草纫译，商务印书馆1992年版，第26页。

融合现象。区域性多民族内部的文化特征在横向上有着不同程度的共同点，为进一步之后全国性多民族内部的统一提供可能。

第三，统一的民族心理意识是判断民族形成的重要指标，古罗斯国家的建立在一定程度上统一了古罗斯居民的思想心理，使他们产生了统一的民族心理意识，由此笔者认为，在古罗斯国家封建割据时期，古罗斯民族已经形成，但是作为古代民族，相对现代民族还有很多不稳定、不完全的特征，体现出一定的历史局限性。这一局限性具体体现在：古罗斯民众在长期的生产、生活、作战过程中，逐渐实现了文化的融合，但是，因为这个过程是非常漫长且复杂的，并由于封建割据和蒙古鞑靼人的入侵而遭到阻断，而使古罗斯民族未能建立起完整的文化体系，体现出了历史的局限性。而就古罗斯民族的语言来说，其共同语言的形成过程一直伴随着地方方言的发展过程，并最终由于封建割据势力的加强而使地方方言的逐渐突出出来。但是，我们应该说，地方方言逐渐凸显的历史过程是在古罗斯语言同一性的基础上实现的。笔者认为，这在某种程度上应视为古罗斯民族的形成特点。

第四，在古罗斯国家建立、古罗斯民族形成过程中，古罗斯的对外政策、社会关系，以及文化、信仰在发生着深刻的变化。古罗斯从最初单纯以武力解决周边关系的方式，走向了依靠联盟和武力威慑相结合的方式，这一变化的深刻根源在于日益发展的农业经济，使得封建关系得以确立和发展，小私有者的利益成为左右社会发展的重要因素。正是在这样的发展过程中，古罗斯的文化、信仰随着利益需要发生着变化。

参考文献

原始资料

Исторические источники Документы Ⅸ－ⅩⅢ веков. http：//hronos. km. ru/dokum/docum. html.

中文资料

学术著作

1. ［俄］拉夫连季：《往年纪事》，朱寰、胡敦伟译，商务印书馆2011年版。
2. ［俄］波克罗夫斯基：《俄国历史概要》，生活·读书·新知三联书店1978年版。
3. 马克思：《十八世纪外交史内幕》，人民出版社1979年版。
4. ［美］伯纳德·马拉默德：《基辅怨》，江苏人民出版社1984年版。
5. 孙成木、刘祖熙、李建主编：《俄国通史简编》，人民出版社1986年版。
6. 马细谱、辛田：《古代斯拉夫人》，商务印书馆1986年版。
7. 尹曲、王松亭：《基辅罗斯》，商务印书馆1986年版。
8. 中国社会科学院民族研究所编：《列宁论民族问题》（上下），民族出版社1987年版。

9. 中国社会科学院民族研究所编：《马克思恩格斯论民族问题》（上下），民族出版社1987年版。
10. 阿拉坦、孙青等：《论民族》，民族出版社1989年版。
11. ［德］哈贝马斯：《交往与社会进化》，重庆出版社1989年版。
12. 中国社会科学院民族研究所编：《斯大林论民族问题》，民族出版社1990年版。
13. ［俄］瓦·奥·克柳切夫斯基：《俄国史教程》第1卷，商务印书馆1992年版。
14. 刘祖熙：《斯拉夫文化》，浙江人民出版社1993年版。
15. 王钺：《往年纪事译注》，甘肃民族出版社1994年版。
16. 赵延年主编：《论民族问题》，民族出版社1994年版。
17. 苏联科学院历史所列宁格勒分所：《俄国文化史纲（从远古至1917年）》，商务印书馆1994年版。
18. 王炳煜等：《马克思主义民族思想史》，中央民族大学出版社1998年版。
19. 张达明：《俄罗斯东正教与文化》，中央民族大学出版社1999年版。
20. 于沛、戴桂菊、李锐：《斯拉夫文明》，中国社会科学出版社2001年版。
21. ［俄］德·谢·利哈乔夫：《解读俄罗斯》，北京大学出版社2003年版。
22. ［俄］尼·别尔嘉耶夫：《俄罗斯思想》，生活·读书·新知三联书店2004年版。
23. ［英］爱德华·B.泰勒：《人类学：人及其文化研究》，广西师范大学出版社2004年版。
24. 张凤莲：《民族论》，山东人民出版社2005年版。
25. ［美］威廉·A.哈维兰：《文化人类学》，上海社会科学出版社2006年版。
26. 赖泽民：《人类历史科学原理》，中央编译出版社2006年版。

27. 白晓红：《俄国斯拉夫主义》，商务印书馆 2006 年版。
28. 曹维安：《俄国史新论——影响俄国历史发展的基本问题》，中国社会科学出版社 2002 年版。
29. ［俄］Н. 巴甫洛夫：《俄国封建主义》，商务印书馆 1998 年版。
30. 杨坤、徐衍：《俄罗斯商人》，江西人民出版社 1998 年版。
31. 朱寰：《亚欧封建经济形态比较研究》，东北师范大学出版社 1996 年版。
32. 孙成木：《俄罗斯文化一千年》，东方出版社 1995 年版。
33. 西多罗夫等：《苏联史学家在罗马第十届国际史学家代表大会报告集》，生活·读书·新知三联书店 1957 年版。
34. 来瑞：《古代斯拉夫文化》，商务印书馆 1936 年版。

学术论文

1. ［苏联］斯·斯·德米特里耶夫：《俄罗斯民族的形成》，《民族问题译丛》1955 年第 3 期。
2. ［苏联］阿·伊·柯札钦科：《古罗斯部族是俄罗斯族、乌克兰族和白俄罗斯族的共同族源》，《民族问题译丛》1955 年第 4 期。
3. ［苏联］斯·阿·托卡列夫：《论东斯拉夫各族的共同文化》，《民族问题译丛》1956 年第 2 期。
4. ［苏联］莫·恩·契霍米洛夫：《关于"俄罗斯"名称的起源》，《民族问题译丛》1957 年第 3 期。
5. ［苏联］А. П. 斯米尔诺夫、Н. Я. 麦尔彼尔特：《伏尔加河流域各族的民族起源问题》，《民族问题译丛》1957 年第 6 期。
6. ［苏联］В. И. 阿巴耶夫：《语言史和民族史》，《民族问题译丛》1957 年第 8 期。
7. ［苏联］И. В. 索津：《谈东方斯拉夫人由原始公社制度过渡到封建制度的起因问题》，《民族问题译丛》1958 年第 1 期。
8. 朱寰：《论古代罗斯国家的起源》，《社会科学战线》1979 年第 1 期。

9. ［日］清水睦夫：《斯拉夫民族的起源及其原居地》,《民族译丛》1981 年第 4 期。
10. 郭庆：《俄罗斯人》,《民族论坛》1995 年第 2 期。
11. ［苏联］马夫罗金：《古代的东斯拉夫人》,《民族论坛》1995 年第 3 期。
12. 王起亮：《东斯拉夫人的起源初探》,《兰州大学学报》1996 年第 24 卷第 1 期。
13. 贾淑芬：《俄罗斯的起源和俄罗斯国家的象征》,《Русский язык》2000 年第 3 期。
14. 杨帆：《远眺俄罗斯人》,《国际频道》2000 年第 8 期。
15. 王丹：《对斯拉夫人发源地推论的分析》,《世界民族》2001 年第 5 期。
16. 刘祖熙：《中世纪斯拉夫文化刍议》,《世界历史》2001 年第 5 期。
17. 郑玮：《7—9 世纪拜占庭帝国乡村和小农勃兴的原因分析》,《历史教学》2004 年 6 期。

外文资料

学术著作

1. С. М. Соловьев（1820 – 1879）. История россии с древнейших времен. http：//hrono. ru/libris/solov0_ 00. html.

2. В. В. Мавродин. Образование единого русского государства. Ленинград, 1951.

3. В. Т. Пашуто. Очерки истории СССР XII – XIII вв. М., 1960.

4. Академия наук СССР институт истории. Церковь в истории россии（IX в -1917 г）. М., 1967.

5. М. Н. Тихомиров. Древняя русь. М., 1975.

6. Е. А. Рыбина. Археологические очерки истории новгородской торговли X – XIV вв. М., 1978.

7. Л. Н. Гусева. Л. Л. Короткая. ДревняярусскаяЛитературав исследованиях. Минск, 1979.
8. И. Я. Фроянов. Начало христианства на Руси. Издательство Удмуртского университета, 2003.
9. Г. С. Лебедев. Эпоха викингов в северной европе, http: //www. ulfdalir. narod. ru/literature/Lebedev_ G_ Epoha. htm.
10. Чистяков О. И. История отечественного государства и права. Ч. I, 1999, http: //www. vusnet. ru/forum/.
11. Федотов Г. П. Святые Древней Руси, 1990, http: //www. vusnet. ru/forum/.
12. Федоров В. А. История России, 2005, http: //www. vusnet. ru/forum/.
13. Томпсон Э. А. Римляне и варвары, 2003, http: //www. vusnet. ru/forum/.
14. Тихомиров Л. А. Монархическая государственность, 1998, http: //www. vusnet. ru/forum/.
15. Сусов И. П. История языкознания, 1999, http: //www. vusnet. ru/forum/.
16. Рыбаковский Л. Л. Нелегальная миграция в приграничных районах Дальнего Востока: история, современность, последствия, 2001, http: //www. vusnet. ru/forum/.
17. Рыбаковский Л. Л. Миграционный обмен и его влияние на демографическую динамику, 1996, http: //www. vusnet. ru/forum/.
18. Рыбаковский Л. Л. Миграция населения. Три стадии миграционного процесса, 2001, http: //www. vusnet. ru/forum/.
19. Рыбаков Б. А. Рождение Руси, 2004, http: //www. vusnet. ru/forum/.
20. Рыбаков Б. А. Язычество древних славян, 2004, http: //www. vusnet. ru/forum/.
21. Мещерский Е. В. История русского литературного языка, 2002, ht-

tp：//www.vusnet.ru/forum/.

22. Мечковская Н. Б. Язык и религия, 1998, http：//www.vusnet.ru/forum/.

23. Макарий. История русской церкви т. 2, 2002, http：//www.vusnet.ru/forum/.

24. Макарий. История русской церкви т. 1, 2002, http：//www.vusnet.ru/forum/.

25. Личман. История России, 2005, http：//www.vusnet.ru/forum/.

26. Ливанцев К. Е. История средневекового государства и права, 2000, http：//www.vusnet.ru/forum/.

27. Ле Гофф Ж. Цивилизация средневекового Запада, 1992, http：//www.vusnet.ru/forum/.

28. Кусков В. В. История древнерусской литературы, 1998, http：//www.vusnet.ru/forum/.

29. Карева В. В. История Средних веков, 1999, http：//www.vusnet.ru/forum/.

30. Карамзин Н. М. История государства российского, 2005, http：//www.vusnet.ru/forum/.

31. Игнатов В. Г. История государственного управления России, 2002, http：//www.vusnet.ru/forum/.

32. Елизаров Е. Д. Античный город, 2004, http：//www.vusnet.ru/forum/.

33. Гумилев Л. Н. От Руси до России, 2004, http：//www.vusnet.ru/forum/.

34. Гумилев Л. Н. Древняя Русь и Великая степь, 2004, http：//www.vusnet.ru/forum/.

35. Попова Т. А. Образование Древнерусского государства. Астрахань－2000.

学术论文

1. Л. В. Черепнин. Исторические условия формирования русской народности до конца XV в. М., 1958.
2. Л. В. Данилова. Исторические условия развития русской народности в период образования и укрепления централизованного государства в России. М., 1958.
3. Р. И. Аванесов. Вопросы истории русского языка в эпоху формирования и дальнейшего развития русской (великорусской) народности. М., 1958.
4. Н. М. Дружинин. Социально-экономические условия образования русской буржуазной нации. М., 1958.
5. Д. Д. Благой. Роль русской художественной литературы в формирования русской нации. М., 1958.
6. Л. В. Крестова. Отражение формирования русской нации в русской литературе и публицистике первой половины XVIII в. М., 1958.
7. В. И. Чичеров. Народное поэтическое творчество в период образования и развития русской нации. М, 1958.
8. Н. Н. Коваленская. Отражение процесса сложения русской нации в изобразительном искусстве. М., 1958.
9. Т. Н. Ливанова. Русская музыка в период образования русской нации. М., 1958.
10. В. И. Козлов. О классификации этнических общностей (состояние вопроса). М., 1979.
11. С. А. Арутюнов. Этнографическая наука и изучение культурной динамики. М., 1979.
12. Ю. И. Семенов. Эволюция экономики раннего первобытного общества. М., 1979.
13. А. М. Хазанов. Классообразование: факторы и механизмы. М., 1979.

14. В. А. Шнирельман. Доместикация животных и религия. М., 1979.
15. А. И. Першиц. Проблемы нормативной этнографии. М. 1979.
16. Л. Е. Куббель. Потестарная и политическая этнографии. М., 1979.
17. В. В. Седов. Русский каганат IX века. М., 1998.
18. В. В. Седов. Древнерусская народность, http://rusograd.xpomo.com/sedov1/sedov0.html.
19. Д. Ю. Михайлов. Нравственные аспекты культурно-исторических традиций Русского народа. ХЛ., 2001, http://www.slavya.ru/trad/history/nravs.htm.
20. В. В. Седов. Этногенез ранних славян. М., 2003.
21. В. В. Седов. Русь и варяги. М., 2003.
22. Варяги и греки, http://www.websib.ru/~gardarika/rus/var.htm.
23. Евгений Альфредович Шмидт. О тушемлинской культуре IV – VII веков в верхнем поднепровье и подвинье. М., 2005.
24. Нефедов С. А. Новая интерпретация истории Киевской Руси, 2002, http://www.vusnet.ru/forum/.
25. Даркевич В. П. Происхождение и развитие городов древней Руси (X – XIII вв.). 2005, http://www.vusnet.ru/forum/.
26. Булгаков С. Н. Интеллигенция и Религия, 2000, http://www.vusnet.ru/forum/.
27. Бердяев Н. Новое средневековье, 2004, http://www.vusnet.ru/forum/.
28. И. Н. Данилевский. Древняя Русь глазами современников и потомков (IX – XII вв.). М., 1998.
29. Э. Б. Вадецкая. Археологические памятники в степях Среднего Енисея. Л., 《Наука》, 1986.
30. Оружие Древней Руси. Информац ионно-аналитический и энциклопедический портал. 2006.12.21. Русская Цивилизация- www.rustrana.ru.